L'ABBAYE

DES

TROIS-FONTAINES

SITUÉE

AUX EAUX-SALVIENNES, PRÈS DE ROME

ET DÉDIÉE

AUX SAINTS MARTYRS VINCENT & ANASTASE

PAR

Le Révérend Père Dom GABRIEL

Abbé d'Aiguebelle

2e ÉDITION

Augmentée d'un appendice sur la Congrégation Cistercienne de la Trappe.

LANDERNEAU

IMPRIMERIE DE P. B. DESMOULINS

1879

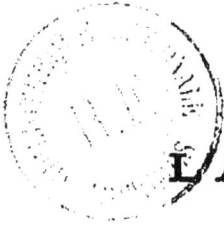

L'ABBAYE

DES

TROIS-FONTAINES

SITUÉE

AUX EAUX-SALVIENNES, PRÉS DE ROME.

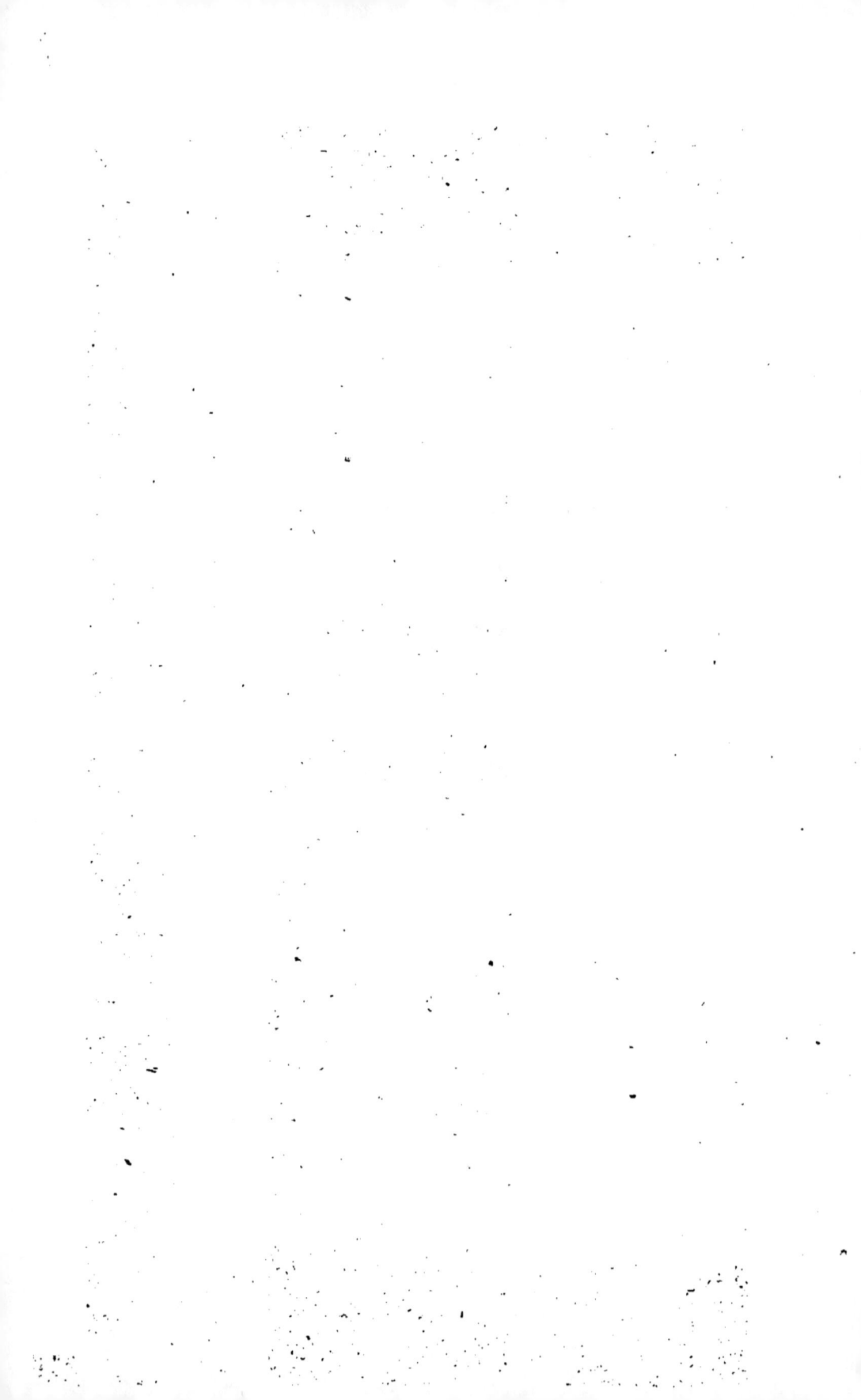

L'ABBAYE

DES

TROIS-FONTAINES

SITUÉE

AUX EAUX-SALVIENNES, PRÈS DE ROME

ET DÉDIÉE

AUX SAINTS MARTYRS VINCENT & ANASTASE

PAR

LE RÉVÉREND PÈRE DOM GABRIEL

Abbé d'Aiguebelle

2e ÉDITION

Augmentée d'un appendice sur la Congrégation Cistercienne de la Trappe.

LANDERNEAU

IMPRIMERIE DE P.-B. DESMOULINS

1879

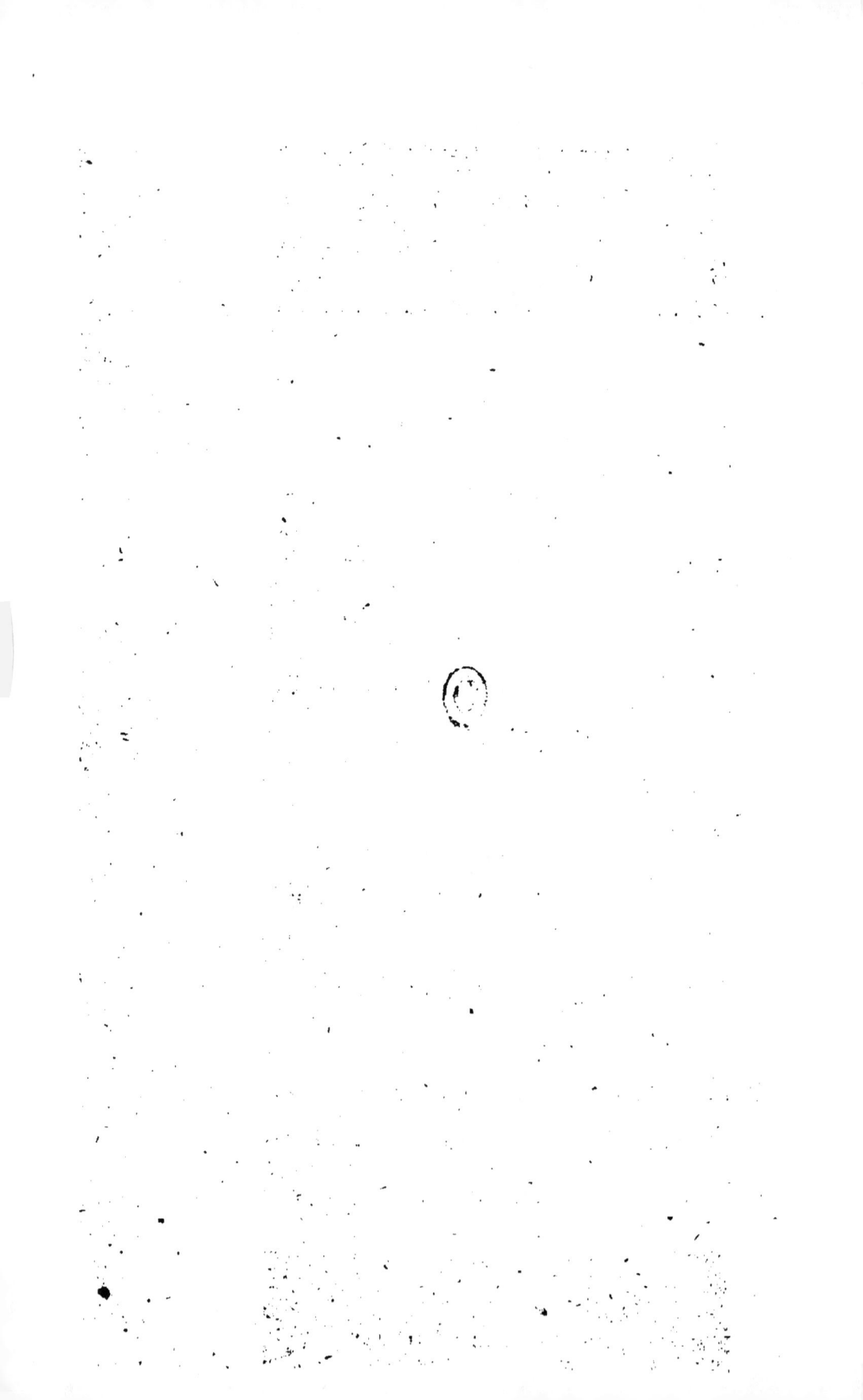

AVANT-PROPOS.

Un fait qui a eu peu de témoins se passait aux environs de Rome, le 17 Février 1868. Son Eminence le cardinal MILESI-FERRETTI, *Abbé commendataire des Trois-Fontaines, venait ce jour-là dans son Abbaye, occupée depuis quarante-deux ans par des fils de Saint-François, remettre, au nom de Sa Sainteté le Pape* PIE IX, *cette Abbaye aux mains de l'Ordre de Cîteaux, qui l'avait possédée pendant sept siècles.*

Les parties intéressées s'étaient rendues sur les lieux : le Ministre Général des Frères-Mineurs Observantins, pour céder le monastère que Léon XII avait provisoirement confié à cet Ordre, et le Révérendissime Père Dom François-Régis, procureur général de la Trappe, pour le recevoir au nom de l'Ordre de Cîteaux, qu'il représentait à Rome pour la France et la Belgique.

On avait rendu et repris de part et d'autre des terres et des bâtiments d'une grande valeur, avec la simplicité des temps antiques : personne ne s'était senti froissé dans le moindre détail, parce que la main si douce du père de famille avait réglé toutes choses, et les enfants n'avaient eu qu'à accepter une volonté si nettement et si paternellement exprimée.

Quelques religieux Trappistes avec le R. P. Procureur, s'étaient établis dans leur nouvelle demeure, si chère pour eux à tant de titres, demandant seulement que quelques Frères, venus de France, pussent leur permettre de garder dans tous ses points la règle de saint Benoît et les constitutions primitives de Cîteaux, qui composent la vie de la Trappe.

Mais déjà la curiosité publique avait été éveillée.

Les journaux avait annoncé la prise de possession des Trois-Fontaines par les Trappistes, et des questions nous étaient adressées de tous côtés, non-seulement par les hommes du monde amis des moines, mais aussi par nos religieux : Qu'est-ce que les TROIS-FONTAINES? — *Pourquoi a-t-on accepté avec joie un lieu aussi insalubre ? — Quels souvenirs s'y rattachent pour la religion et pour l'état monastique ? — Quels personnages et quels évènements l'ont rendu célèbre ? — Comment a-t-il été confié à l'ordre de Cîteaux depuis son origine, et pourquoi le lui a-t-on enlevé sous le pontificat de Léon XII ? — Quelles circonstances ont décidé le Souverain-Pontife, accablé de tant d'affaires importantes, à s'occuper de le rendre à la Trappe, héritière de Cîteaux ?*

C'est pour répondre à ces questions que nous avons entrepris d'écrire cette notice. Elle intéressera, nous l'espérons, non-seulement nos frères et nos sœurs en religion, mais aussi les membres du clergé et les chrétiens du monde, qui témoignent à notre Ordre une si constante bienveillance.

Les livres historiques de l'ordre de Cîteaux, les Annales Bénédictines de Mabillon, les lettres de saint Bernard, quelques notes prises sur les lieux et, surtout, les registres de la comptabilité de l'Abbaye conservés dans les Archives, fourniront une ample matière. Nous devrons même nous borner, pour ne pas dépasser les limites d'une simple notice.

Les personnages qui se rattachent aux Trois-Fontaines ont une large part dans l'histoire, depuis Honorius Ier, qui y bâtit le premier monastère, jusqu'à PIE IX, qui vient de nous le confier de nouveau. Les évènements accomplis dans ces lieux, durant l'époque qui sépare le glorieux martyre de saint Paul de l'élévation du premier Abbé sur le trône de Saint-Pierre, demanderaient de longs détails. Nous préférons donner plus de place à la description des lieux, afin que ce petit livre puisse servir de guide aux pèlerins des Trois-Fontaines.

CHAPITRE PREMIER.

LES TROIS-FONTAINES. — LA BASILIQUE DE SAINT-PAUL-HORS-LES-MURS.

Trois grandes églises et une quatrième, où sont déposées les Reliques, sont renfermées dans les constructions actuelles de cette célèbre Abbaye, connue dans l'histoire sous plusieurs noms.

Le lieu même était appelé par les anciens Romains les Eaux-Salviennes, *Aquæ-Salviæ*, ou plutôt *Massa aquæ Salviæ*, territoire appelé Eaux-Salviennes, à cause des eaux abondantes et mal dirigées qui le rendaient insalubre, et parce qu'il était la propriété de la noble famille Salvia.

Lorsque Néron eût ordonné que les deux apôtres saint Pierre et saint Paul seraient mis à mort, ce fut aux Eaux-Salviennes que l'on conduisit l'Apôtre des Nations, pendant que saint Pierre gravissait le mont Janicule pour y être crucifié la tête en bas. Saint Paul fut donc conduit en ce lieu, attaché à un fût de colonne, et le bourreau lui abattit la tête d'un seul coup d'épée. Le saint chef fit trois bonds en se détachant du tronc, et, chaque fois qu'il toucha la terre, il en jaillit des fontaines miraculeuses qui n'ont pas cessé de couler jusqu'à ce jour. La tradition ajoute qu'à chaque bond il prononça en langue hébraïque le nom de Jésus. Plusieurs Pères de l'Eglise ont rapporté que le lait, au lieu du sang, jaillit en abondance du tronc et de la tête, et vint couvrir les vêtements du bourreau qui se convertit à la foi chrétienne. Enfin, quelques historiens ont raconté, d'après une épître de saint Clément, que Néron assista à l'exécution, voulant, par ce spectacle, satisfaire sa vengeance pour la conversion d'une de ses concubines opérée par le grand Apôtre.

L'eau de chacune de ces fontaines semble aux nombreux visiteurs d'une saveur différente : la première paraît plus douce et presque tiède ; la seconde est moins fraîche que la troisième. Les fidèles boivent de cette eau par dévotion, dans l'espoir d'obtenir des grâces spirituelles ou temporelles, et ils en emportent, depuis les premiers siècles, jusque dans les contrées les plus lointaines.

A la suite des évènements que nous venons de raconter, le peuple appela ce lieu les Trois-Fontaines, *Tres Fontes ad Aquas-Salvias*. On bâtit une église sur le lieu même du martyre de l'Apôtre, et on construisit sur chacune des fontaines un monument de grandeur inégale. En 1599, l'édifice tombant en ruine, le cardinal

Pierre Aldobrandini le fit reconstruire tel qu'il est aujourd'hui, avec son beau portique, sur les dessins de Jacques della Porta [1]. Trois fontaines, égales de grandeur et de forme, furent placées dans l'église. Elles ressemblent à des autels, et, sur chacune d'elles, Cordici a sculpté, en bas-relief, la tête de l'Apôtre. On voit, à droite, sous une grille de fer, la colonne où il fut décapité. Il y a un autel à chaque extrémité de l'église; l'un, est surmonté d'un tableau du crucifiement de saint Pierre, belle copie de Guido Reni; l'autre, orné autrefois d'admirables colonnes de porphyre noir, uniques par la dimension, et remplacées aujourd'hui par de simples colonnes de marbre africain, avec un tableau de Basserotto de Bologne, représentant la décollation de saint Paul.

La générosité de M. le comte de Maumigny a permis de restaurer ce sanctuaire d'une manière digne des grands souvenirs qui s'y rattachent.

---

[1] On lit en gros caractères sur la porte d'entrée :
SANCTI PAULI MARTYRII LOCUS UBI TRES FONTES MIRABILITER ERUPERUNT.

Au-dessus, sur le frontispice, sont les armes du cardinal Aldobrandini et de son oncle Clément VIII.

Quand on est entré dans l'église, on peut voir au-dessus de la porte l'inscription suivante :

PETRUS DIAC. CARD. ALDOBRANDINUS, S. R. E. CAMER. LOCUM S. PAULI APOSTOLI MARTYRIO, ET TRIUM FONTIUM QUI EX TRINO PRÆCISI CAPITIS SALTU EMERSERUNT MIRACULOSO INSIGNEM, VE-TUSTATE DEFORMATUM, ÆDE EXSTRUCTA MAGNIFICENTIUS RESTITUIT ET ORNAVIT. AN. SALUTIS M. D. IC. CLEMENTIS PP. VIII PATRUI SUI PONT. ANNO VIII.

Sa Sainteté le pape Pie IX a donné une mosaïque précieuse, représentant les quatre saisons, découverte par les soins de M. le baron Visconti, et qui vient d'être placée dans l'église.

Le corps du grand Apôtre réuni à sa tête fut porté à deux milles de là environ, en se dirigeant vers la ville, sur la voie Ostienne, dans un champ appartenant à sainte Lucine, où il reçut la sépulture.

Un modeste oratoire y fut construit peu d'années après par saint Anaclet. Constantin le remplaça par une basilique qu'il fit consacrer en 324 ; mais comme elle était petite et paraissait peu digne de sa destination, l'empereur Valentinien II entreprit de la restaurer en 383. Ses successeurs, Théodose et Arcadius, la continuèrent, et elle fut achevée par Honorius sur le beau et vaste plan que nous admirons encore aujourd'hui. Dès lors, les siècles se plurent à la remplir de toutes les merveilles de l'art chrétien. L'incendie qui la dévora en 1823 fut regardé comme une calamité générale, dans le monde entier : peuples et rois, chrétiens et infidèles, s'unirent pour réparer un tel désastre, et les voyageurs émerveillés qui la visitent aujourd'hui ont peine à croire, malgré quelques témoignages dignes de respect, que le monument moderne, consacré par Pie IX en 1854, n'a pas atteint la beauté du premier.

Pendant les deux premiers siècles qui suivirent la construction de Saint-Paul-hors-les-murs, des prêtres séculiers furent chargés de desservir la basilique. Mais les enfants de Saint-Benoît ne tardèrent pas à en avoir la garde et à y célébrer l'office divin, dès les premières années de la fondation de leur Ordre. D'après un texte de Procope, des moines s'y trouvaient déjà établis l'an 531, pendant que le grand Patriarche des moines vivait encore. C'est d'après ce témoignage que le chroniqueur espagnol de l'Ordre des Bénédictins, Dom Antoine de Yepes ne craint pas de dire : « Je crois que cet insigne monastère était de ceux qui furent fondés en Italie avant que saint Benoît écrivît sa règle : toutefois, il fut un des premiers qui la reçut après sa publication et l'a gardée pendant tant de siècles. »

La présence des moines ne peut, du moins, être contestée sous le pontificat de saint Grégoire-le-Grand : plusieurs passages de ses écrits en font foi. Au dixième siècle, le monastère fut confié à l'ordre de Cluny, pendant le gouvernement de saint Odon.

Après le grand schisme d'Occident, le pape Martin V l'unit à la Congrégation de sainte Justine-de-Padoue, par sa Constitution du 4 septembre 1423. Il appartient aujourd'hui à la Congrégation du Mont-Cassin.

CHAPITRE II.

SAINTE-MARIE DE L'ÉCHELLE-DU-CIEL. — LA LÉGION DE SAINT ZÉNON.

Le massacre de saint Zénon et de ses compagnons, ordonné par Dioclétien et Maximien en 299, vint encore ajouter aux souvenirs qui consacraient les Trois-Fontaines.

Les deux empereurs, voulant exterminer le christianisme au sein de leurs armées, firent rechercher dans toutes les légions les soldats accusés d'être chrétiens et qui refuseraient de renier Jésus-Christ. Il s'en trouva dix mille deux cent trois, ayant à leur tête Zénon, leur tribun. Ils furent condamnés à construire les thermes que Dioclétien avait résolu de bâtir pour le peuple et pour lui-même. Quand ces travaux gigantesques, dont les débris forment aujourd'hui plusieurs monuments de la Rome chrétienne, furent achevés, « craignant, dit un historien, que le grand nombre de condamnés, favorisés par l'oisiveté et le repos, ne les portât à tramer quelque complot contre la paix publique, » l'empereur les fit conduire, chargés de chaînes, aux Eaux-Salviennes, et là on les massacra tous jusqu'au dernier. Cette horrible boucherie émut la piété des fidèles de Rome : on recueillit ces précieux restes auprès d'une fontaine qui portait dès lors, comme aujourd'hui, le nom de *Goutte qui coule toujours*, — *Gutta jugiter manans*, — et on bâtit au-dessus une église dédiée à la Très-Sainte Vierge. Tombée en ruines une première fois, elle fut restaurée au xvie siècle, comme nous le dirons plus loin. C'est près de l'unique autel, dédié aujourd'hui à saint Bernard, que se trouvent les douze degrés par lesquels on descend dans les catacombes de saint Zénon et de ses soldats martyrs. Autrefois, dit une vieille tradition, un souterrain partait de là et allait se continuant jusqu'à la basilique de Saint-Paul-hors-les-murs. « Au jour de la fête de saint Anastase, les moines de Saint-Paul, passant par ces catacombes, se rendaient processionnellement à l'église du Saint titulaire. De leur côté, les religieux de Saint-Vincent et de Saint-Anastase allaient par la même voie à Saint-Paul, à l'occasion de la station du quatrième mercredi du Carême, qui se célébrait dans la basilique. » Aujourd'hui la communication souterraine est détruite, et quelques savants doutent qu'elle ait jamais existé.

Mais ce qui reste, c'est le caveau dans lequel le grand Apôtre passa les derniers moments de sa vie avant son supplice. Comment rendre les émotions dont l'âme est saisie dans ces lieux, si saintement peuplés sous le sol ! Une inscription gravée sur le mur rappelle le nom de Zénon et le nombre de ses compagnons.

L'édifice supérieur est octogone et terminé par une coupole. Vignole en a fait les dessins en 1582, par ordre du cardinal Alexandre Farnèse, alors Abbé commendataire. On voit, dans l'abside de la chapelle dédiée à saint Bernard, une mosaïque du florentin François Zucca, qui est regardée comme la première du genre moderne où l'on ait pu voir une bonne peinture [1].

L'Eglise a pris le nom d'*Échelle-du-Ciel*, à la suite d'une vision de saint Bernard, qui, célébrant un jour la messe pour les morts dans l'antique église bâtie en cet endroit, fut ravi en extase et vit une échelle s'élevant de la terre aux cieux, par laquelle les anges conduisaient les âmes délivrées du purgatoire à la suite du saint sacrifice. Le tableau de l'autel représente cette vision si

---

[1] Les personnages représentés sur cette mosaïque sont au nombre de sept. La Vierge Marie, assise sur des nuages, tenant dans ses bras l'Enfant Jésus, et, plus bas, saint Zénon avec le costume militaire des anciens Romains, saint Anastase revêtu de l'habit monastique, saint Vincent avec la dalmatique, tous les trois tenant à la main la palme de leur martyre ; saint Bernard avec l'habit de Cîteaux, tenant la crosse abbatiale, tous debout et portant sur la tête l'auréole des saints ; enfin, aux deux extrémités de la mosaïque, deux personnages agenouillés sur un coussin et ne portant pas l'auréole : l'un est le Pape Clément VIII, l'autre, le cardinal Alexandre Farnèse.

consolante pour ceux qui pleurent la perte de leurs parents et de leurs amis. Un autre tableau de cette église représente le mystère de l'Annonciation.

Jusqu'à ces dernières années, cette église avait trois autels : le premier, dédié à Notre-Dame, sous le vocable de l'Annonciade, en face de la porte d'entrée ; le second, aux saints martyrs Zénon et ses compagnons, à droite, en entrant ; le troisième, à saint Bernard, avec sa belle mosaïque, le seul qui reste aujourd'hui. Il sera facile de restaurer ce beau monument et d'y rétablir les deux autels disparus, sans lesquels il n'a plus sa signification première. Sans doute, saint Bernard l'a rendu célèbre par sa vision ; mais cette église est une des plus anciennes du monde dédiées à la Très-Sainte Vierge, car elle le fut dès la dernière année du IIIe siècle : Marie doit y reprendre sa place. Elle a été construite à l'occasion du massacre de la légion de saint Zénon ; ces saints martyrs, dont les corps reposent sous la crypte, y doivent être aussi honorés [1].

---

(1) Cette crypte, laissée à découvert jusqu'en 1774, fut murée le 11 Mai de cette même année, par respect pour les saintes reliques. L'inscription suivante, trouvée en 1870, en fait foi :

Die XI maii 1771 cooperta fuere lateribus ossa SS. martyrum 10,203 quæ anteà visibilia erant.

FRANCO GELPI, *faber coram testibus duobus monachis* DOM OCTAVIO ROMBENCHI *et* LEOPOLDO BELTESTA *cooperuit.*

Les Abbés réguliers des Trois-Fontaines avaient choisi les caveaux de cette église pour le lieu de leur sépulture ; on voit encore une pierre du pavé sur laquelle sont gravés ces mots : *Sepulturæ Prælatorum Cistercientium.* En 1868, un humble frère convers, F. Benoît, première victime de la fièvre depuis que les Trois-Fontaines ont été rendues à notre Ordre, fut inhumé dans ce sépulcre. Puisse-t-il obtenir à tous ceux qui viendront après lui le courage et l'amour de la pénitence, dont il nous a donné l'exemple !

CHAPITRE III.

L'ÉGLISE DES SAINTS-VINCENT-ET-ANASTASE.

Le martyre de saint Paul, le massacre de saint Zénon et de ses compagnons, semblaient appeler aux Eaux-Salviennes une communauté qui célébrât nuit et jour les louanges de Dieu dans ce lieu devenu si cher à la piété des chrétiens.

Vers la fin de sa vie, saint Grégoire-le-Grand se consolait, au milieu des douleurs de la goutte, en donnant tout ce territoire à la basilique de Saint-Paul-hors-les-murs (604). « Il serait inconvenant, disait ce grand Pontife, et il paraîtrait bien dur que cette possession ne fût pas au service du bienheureux Apôtre Paul, puisque c'est là que, recevant la palme du martyre, il a eu la tête tranchée pour avoir la vie véritable. *Valde incongruum esse ac durissimum videtur, ut illa specialiter possessio non serviret Beato Paulo Apostolo, in quâ, palmam sumens martyrii, capite est truncatus ut viveret.*

Dès l'année 626, Honorius Ier y fonda un monastère pour des Bénédictins, et le dédia aux saints martyrs Vincent et Anastase. Quelques années après, vers le milieu du viie siècle, les vexations et les mauvais traitements infligés aux moines par les Monothélites, tant en Orient qu'en Afrique, furent cause qu'ils se retirèrent à Rome en grand nombre. Dès cette époque (649), la basilique de Saint-Anastase fut habitée par des moines grecs.

Anastase était un moine persan qui souffrit d'affreux supplices pour la foi, sous la persécution de Chosroès II. L'empereur Héraclius envoya à Rome la tête et le corps du martyr, avec une image de cette tête, frappante par l'expression de ses traits, et qui se conserve encore dans le monastère, entourée d'un cadre d'argent. Une inscription placée au bas du tableau rappelle une partie de son histoire. On y lit : *Imago sancti Anastasii, monachi et martyris, cujus aspectu fugari dæmones morbosque curari acta secundi concilii Ni-*

cœnii testantur. « Image de saint Anastase, moine et martyr, à l'aspect de laquelle, d'après le témoignage du second concile de Nicée, les démons prennent la fuite et les malades sont guéris. »

Cette image, en effet, en grande vénération à Rome depuis longtemps, servit aux Pères du second concile de Nicée pour prouver, contre les Iconoclastes, la légitimité du culte des saintes images. Le corps du saint martyr fut transporté dans la basilique de Sainte-Croix-de-Jérusalem, où l'on en vénère encore une partie, sous le maitre-autel, dans une urne antique de basalte, avec le corps de saint Césarée. Une autre partie des ossements sacrés se trouve dans l'église de Saint-Jean-de-Latran, à la chapelle dite *Sancta Sanctorum*. Ils y furent transportés par les ordres du Pape saint Léon III.

Mais la tête et le reste du corps furent laissés dans le monastère bâti sous son nom aux Eaux-Salviennes. La tête fut renfermée dans un magnifique reliquaire en argent, autour duquel étaient représentées en bas-relief, aussi en argent, les douze villes que Charlemagne avait autrefois données à l'Abbaye. Les archives du monastère conservent le souvenir d'une guérison miraculeuse opérée sur une jeune fille possédée du démon, devant cette insigne relique.

Les sacrés ossements du martyr et diacre espagnol, saint Vincent, furent aussi transférés dans la basilique des Eaux-Salviennes. La tète se trouvait à Castres, dans l'Albigeois, quand le saint cardinal Conrad y remplissait les fonctions de Légat du Saint-Siége, l'an 1225. Conrad, avant d'être revètu de la pourpre, avait été abbé de Cîteaux, et précédemment de Clairvaux. Il voulut enrichir de ce trésor son premier monastère, et l'y fit transporter. La tète de saint Vincent se trouvait encore à Clairvaux au xviie siècle, quand Dom Joseph Meglinger visita cette Abbaye, et elle y est restée jusqu'à la supression des monastères par la révolution de 89.

Le chef du martyr saint Vincent, que le cardinal Alexandre Farnèse fit enfermer dans un riche reliquaire en argent, n'était pas celui du diacre espagnol, comme l'ont affirmé par erreur plusieurs historiens, mais celui d'un moine du même nom. La chàsse due à la munificence du cardinal portait cette inscription : *Caput sancti Vincentii*, MONACHI *et martyris*. Le célèbre diacre à qui a été dédié le monastère, n'a jamais été moine.

La basilique est consacrée sous le vocable des deux illustres martyrs dont l'Église célèbre la fète le 22 janvier, parce qu'ils ont subi la mort ce même jour, mais à trois siècles de distance.

L'église et le monastère subirent, depuis leur fondation, des transformations diverses. En 792, Adrien Ier en entreprit la restauration. L'an 805, le pape Léon III et Charlemagne agrandirent le monastère et augmentèrent ses possessions. Le grand empereur, par dévotion pour saint Anastase, lui donna, comme nous l'avons dit, douze villes ou villages, presque tous situés dans la Toscane maritime, sur le territoire de Sienne, et qui furent soumis, dès cette époque, à la juridiction de l'Abbé. Ces villes sont : Orbitello, Caporbio, Antedonia, Gilio, Mont'argentario, Altrecorba, Aquapiteo, Mont'acuto, Cerpena, Massiliano, Sciapilascia et Mont'Oreste. [1] Au milieu du xve siècle, un Abbé commendataire céda plusieurs de ces petites villes à la république de Sienne.

A partir du ixe siècle et jusqu'au xiie, des phases diverses de splendeur et d'obscurcissement se succèdent avec le temps. L'an 1140, le Pape Innocent II, en ayant retiré les Bénédictins, confia le monastère à saint Bernard, et lui demanda des religieux de Clairvaux. Dès lors une ère nouvelle commence pour cette maison, et les documents abondent.

Saint Bernard avait passé huit ans hors de son cloître, se dévouant au service de l'Église et replaçant sur son trône Innocent II, qu'un antipape en avait chassé. A peine était-il rentré à Clairvaux depuis un an (1136), que le Souverain-Pontife lui fait la demande de relever les Trois-Fontaines. Le saint Abbé s'excuse de ne pouvoir immédiatement céder aux désirs du Pape. « Il

_____

(1) *Pièces justificatives*, n° 1.

nous sera difficile, lui écrit-il, de faire ce que vous désirez, c'est-à-dire de vous envoyer quelques-uns de nos Frères. Nous n'avons pas, dans notre Abbaye, le nombre de personnes que nous avons l'habitude d'y avoir. Sans parler de ceux que j'ai envoyés, par deux ou par trois, en divers lieux, nous avons fondé trois monastères, depuis que j'ai quitté Rome, et nous en avons encore plusieurs qui sont sur le point d'être fondés. Mais j'aurai soin d'en appeler de divers côtés pour vous les envoyer, désirant, sur toutes choses, obéir à vos ordres. »

Ce ne fut pourtant que quatre ans après (1140), que cette affaire put être conclue. La colonie partant de Clairvaux avait à sa tête Pierre Bernard de Paganelli, qui avait quitté la première dignité du chapitre de Pise, sa patrie, pour s'enfermer dans la solitude. Saint Bernard ne le destinait pas à relever les Trois-Fontaines. Leurs lettres prouvent la douleur qu'ils eurent à se quitter et la tendre charité qui les unissait. Mais Innocent II avait fait réparer l'église des Saints-Vincent-et-Anastase, rebâtir les lieux réguliers, conformément aux usages de Cîteaux ; il avait adjoint des vignes, des maisons et des terres aux anciennes possessions, pour la subsistance de la communauté. L'Abbé de Clairvaux et ses moines n'eurent qu'à obéir.

Dès la première année, l'inclémence des Eaux-

Salviennes fit sentir ses rigueurs à la nouvelle colonie. Dans sa sollicitude paternelle, l'Abbé de Saint-Anastase procura à ses enfants les soins que réclamait leur situation. Les lettres de saint Bernard vinrent aussi les encourager et donner un nouvel élan à leur ferveur.

Mais ce qui donna à ce monastère une confirmation que les Religieux n'auraient jamais osé espérer, ce fut l'élévation de Bernard de Pise sur la Chaire du Souverain-Pontificat.

Après la mort d'Innocent II, arrivée en 1143, deux Papes se succédèrent rapidement, Célestin II et Lucius II. Ce dernier ayant été tué dans une émeute populaire par un coup de pierre à la tête, les Cardinaux, préoccupés de la situation exceptionnelle de l'Église, se réunirent en conclave sans l'autorisation tyrannique du Sénat Romain, le cinquième jour de mars 1145, et, contre la coutume, jetant les yeux sur un homme qui n'appartenait pas au Sacré-Collège, élurent l'Abbé de Saint-Anastase.

Tout le monde a lu la lettre émouvante que saint Bernard, à cette nouvelle, écrivit aux Prélats de la Cour Romaine : « Que Dieu vous pardonne, Messeigneurs, qu'avez-vous fait?..... » Celle qu'il adressa au nouveau Pontife, à son fils Bernard devenu son Père Eugène, est un chef-d'œuvre de tendresse et de respect : nous ne résistons pas au plaisir de la transcrire ici.

« A son Très-Cher Père et Seigneur EUGÈNE, Souverain-Pontife par la grâce de Dieu, BERNARD, Abbé de Clairvaux, offre le peu qu'il est.

« Nous avons appris dans nos contrées, et l'on a répété de toutes parts, comment le Seigneur a disposé de vous. Jusqu'à ce moment, je m'étais abstenu de vous écrire, et je méditais en silence sur cet événement. Car je m'attendais à recevoir une de vos lettres, à être prévenu par vos tendres bénédictions. Je m'attendais que vous m'auriez envoyé un de vos messagers fidèles, qui m'aurait raconté, dans le plus grand détail, tout ce qui s'est passé, et dans quel ordre, et de quelle manière. Je pensais que peut-être je verrais revenir quelqu'un de mes enfants, qui calmerait la douleur de son père, et qui me dirait : *Votre fils Joseph vit encore, et il règne sur toute la terre d'Egypte.* Aussi ma lettre n'est-elle pas spontanée de ma part ; elle m'est imposée par la nécessité, et, pour ainsi dire, arrachée par les instances de mes amis, auxquels je ne puis refuser ce peu qui me reste de vie.

« Cependant, puisque j'ai tant fait que de commencer, je parlerai à mon Seigneur. Je n'ose plus l'appeler mon fils, car le fils est devenu père, et le père est devenu fils. Celui qui était venu après moi, a été mis bien au-dessus de moi. Mais je n'en suis point jaloux, parce que j'ai cette confiance, que ce qui me manquait à moi-même, je le trouverai désormais en lui ; en lui, qui non-seulement est venu après moi, mais encore par moi. En effet, si vous me permettez de le dire, c'est moi qui, en quelque façon, vous ai engendré selon l'Évangile. Quelle est donc mon espérance, quelle est ma joie, quelle est ma couronne de gloire? N'est-ce pas vous qui êtes tout cela pour moi devant le Seigneur? Enfin, il est écrit : « *Un fils sage est la gloire de son père.* » Toutefois, désormais on ne vous appellera plus mon fils; mais on vous appellera d'un nom tout nouveau, qui vous a été donné par le Seigneur lui-même. *Ce changement, c'est la droite du Très-Haut qui l'a fait;* et il sera pour plusieurs un sujet d'allégresse.

« Car, de même qu'autrefois Abram reçut le nom d'Abraham, Jacob celui d'Israël; et, pour vous citer de préférence quelques-uns de vos prédécesseurs, de même que Simon fut appelé Céphas, que Saul prit le nom de Paul; de même aujourd'hui, par un changement qui n'aura rien, je l'espère, que de favorable et d'avantageux, mon fils Bernard a été fait mon père Eugène. Voilà bien le doigt de Dieu, *qui fait sortir l'indigent de la poussière, qui élève le pauvre de son fumier, pour le faire asseoir au rang des princes et l'établir sur un trône de gloire.*

« Mais maintenant que ce changement a été opéré en vous, il faut que l'Épouse de votre Seigneur, qui vous a été confiée, change, elle aussi, et en mieux; il ne faut plus qu'elle porte le nom de Saraï, mais qu'à l'avenir on l'appelle Sara. Comprenez bien ce que je vous dis (et c'est le Seigneur qui vous donnera pour tout l'intelligence) : si vous êtes l'ami de l'Époux, vous n'appellerez point sa bien-aimée *ma princesse,*

mais *la princesse*; ne réclamant pour vous d'autre
prérogative à son égard que celle de donner, s'il le
fallait, jusqu'à votre propre vie pour elle. Si vous êtes
réellement l'envoyé de Jésus-Christ, vous penserez
que vous êtes venu, non pour être servi, mais pour
servir vous-même, et prodiguer non-seulement vos
biens, mais encore votre propre vie, ainsi que je viens
de vous le dire. Un vrai successeur de Paul dira avec
Paul : « *Nous ne prétendons pas dominer votre foi,
mais coopérer à votre bonheur.* » Un héritier de
Pierre entendra cette parole de Pierre : « *Vous devez
être, non les dominateurs de la tribu sacrée, mais
la règle vivante du troupeau.* » C'est ainsi, en effet,
que la céleste Épouse, loin d'être désormais esclave,
mais, au contraire, libre et parée de mille charmes,
se verra par vous appelée aux embrassements si dé-
sirés de son incomparable Époux. Autrement, de qui
donc attendrait-elle cette liberté à laquelle elle a tant
de droits, si vous aussi (ce qu'à Dieu ne plaise!) vous
alliez chercher votre propre intérêt dans l'héritage de
Jésus-Christ; vous, qui déjà, depuis longtemps, aviez
appris, je ne dis pas à vous dépouiller de vos biens,
mais à ne plus disposer de vous-même.

« Ainsi, mettant en vous toute sa confiance, plus
qu'elle n'avait fait depuis longtemps en aucun de vos
prédécesseurs, la voit-on, cette sainte Église, se livrer
partout à la joie et se glorifier dans le Seigneur; mais
surtout l'Église qui vous a porté dans son sein et qui
vous a nourri de son lait. Quoi donc! est-ce que je
ne pourrai pas, moi aussi, me réjouir avec ceux qui
se réjouissent? Est-ce que je ne prendrai point part

à cette commune allégresse ? J'ai tressailli de joie, je l'avoue ; mais non sans trembler de frayeur. J'ai tressailli, mais au même moment la crainte et l'effroi sont entrés dans mon âme ; car, quoique j'aie perdu le titre de père, je n'en conserve pas moins les alarmes, les sollicitudes, les affections et les entrailles paternelles. Je considère où vous êtes monté, et je redoute pour vous la chute. En vous voyant assis au faîte de la gloire, j'envisage l'abîme qui s'ouvre sous vos pieds. En contemplant vos honneurs suprêmes, je frémis des périls qui les suivent de près, selon ce qui est écrit : « *L'homme étant couronné de gloire, ne comprit point sa dignité,* » paroles qui, à mon avis, indiquent la cause du mal, bien plus encore qu'elles n'en assignent l'époque ; de telle sorte que, en disant que l'homme, couronné de gloire, perdit le sentiment de sa grandeur, c'est comme si on avait dit que ce furent ces honneurs mêmes qui obscurcirent son intelligence.

« Il est vrai que vous aviez choisi les derniers rangs dans la maison de votre Dieu, et qu'appelé à son banquet, vous y aviez pris la dernière place ; mais celui qui vous avait invité a trouvé bon de vous dire : « *Mon ami, montez plus haut.* » Ah ! n'allez pas élever votre cœur en proportion ; mais craignez qu'il ne vous arrive de pousser trop tard ce cri lamentable : « *C'est dans votre colère et dans votre indignation que vous m'avez élevé, Seigneur, et mon élévation a fait ma ruine.* » En effet, la place qui vous est échue est plus élevée, et non plus sûre ; plus glorieuse, et non plus rassurante. Elle est effrayante, à vrai dire, bien effrayante, cette place. La place, dis-je, où vous voilà monté, est véritablement sainte et sacrée ; c'est la place de Pierre, la place du prince des Apôtres, celle-là même où il posa ses pieds. C'est la place de celui qui fut établi par le Seigneur maître absolu de la maison, et souverain de tous les domaines. Et s'il vous arrivait jamais d'abandonner les voies de ce maître, il est enseveli dans ce lieu même, pour y servir de témoin contre vous. Ce fut à bon droit qu'un tel pasteur, qu'un tel nourricier, fut chargé du soin de l'Église encore faible et au berceau, pour lui apprendre, par ses leçons et ses exemples, à fouler aux pieds tous les biens terrestres ; puisqu'il avait refusé ses mains à toutes sortes de présents, et qu'il disait, avec un cœur pur et une bonne conscience : « *De l'or et de l'argent, je n'en ai point...* »

« Qui me donnera de voir, avant de mourir, la sainte Église de Dieu, telle qu'elle était aux jours antiques, alors que les Apôtres lançaient leurs filets, non pour prendre de l'or et de l'argent, mais pour prendre des âmes ! Combien je désire que vous héritiez du langage de celui dont vous avez obtenu le siège ! « *Que ton argent*, disait-il, *périsse, et toi-même avec lui !* » O parole égale au tonnerre ! parole pleine de force et de grandeur, faite pour terrasser et pour mettre en fuite tous les ennemis de Sion.

« Voici ce qu'attend avec impatience, ce que réclame instamment de vous celle qui est restée votre mère ; ce que désirent, ce qu'implorent tous ses enfants, grands et petits : c'est de voir déraciné par vos mains tout ce qui ne fut point planté par les soins du Père céleste. Vous avez été, en effet, établi de Dieu sur

les nations et les empires, pour arracher et pour dé-
truire, pour édifier et pour planter. Plusieurs, en
apprenant votre exaltation, se sont dit à eux-mêmes :
« *La cognée est déjà à la racine de l'arbre.* »
Plusieurs disent dans leur cœur : *Les fleurs ont paru
dans nos campagnes ; voilà le moment de la taille
arrivé ;* il est temps de retrancher les sarments sté-
riles, afin que les rameaux féconds donnent abon-
damment du fruit.

« Soyez donc plein de courage et de force : vos
mains maîtriseront sans peine les efforts de vos ennemis.
Sachez, par votre constance et la vigueur de votre zèle,
vous rendre digne de la part que le Tout-Puissant
vous a donnée, à l'exclusion de tous vos frères, après
l'avoir ravie des mains de l'Amorrhéen par la puissance de son glaive et de son arc. Mais, au sein de
tous vos travaux, souvenez-vous que vous n'êtes qu'un
homme, et ayez toujours présente à la pensée la crainte
de celui qui se joue de la vie des princes. De quels
illustres Pontifes romains vos yeux n'ont-ils pas vu,
en un rien de temps, se succéder les funérailles ! Que
vos prédécesseurs eux-mêmes vous avertissent de votre
destinée inévitable et prochaine, et que la brièveté
de leur règne vous annonce le peu que vous devez
durer. Appliquez donc sans cesse votre esprit, au
milieu des enchantements de cette gloire passagère,
à méditer sur votre heure suprême, car bientôt, in-
failliblement, vous devrez suivre dans la tombe ceux
que vous avez remplacés sur le trône pontifical [1]. »

---

(1) Opp. S. Bern. Epist. 238.

Ces conseils, inspirés par le zèle le plus pur et la plus tendre affection, furent reçus avec la même grandeur d'âme qui les avait dictés. Loin d'en être choqué, le Pape Eugène en remercia son ancien Père, et le pria de les lui développer en traçant, pour ainsi dire, la voie qu'il avait à suivre pour ne pas s'égarer. C'est pour obéir à cette humble prière, que saint Bernard écrivit le traité de la *Considération* qui est devenu le manuel des Souverains-Pontifes et comme la règle de leur conduite.

Désormais le monastère supportera facilement les difficultés du climat, les infirmités si fréquentes dans la campagne romaine, et, pendant plusieurs siècles, la série non interrompue de ses Abbés réguliers sera la preuve de sa prospérité. Nous donnerons plus loin cette série.

Honorius III, l'an 1224, restaura de nouveau et consacra l'église de Saint-Anastase, entouré de sept cardinaux qui consacrèrent chacun un des sept autels de la basilique. Une longue inscription gravée sur une table de marbre et qu'on lit encore à l'entrée du sanctuaire, à gauche, rappelle les détails de cette cérémonie. Nous la transcrivons et traduisons dans sa naïve originalité :

In nomine domini.
Anno millesimo bisque centeno, uno quaterque quino,
Quo Christus venit, mundumque redemit actu divino,
Kalendis aprilis, Honorius felix, monos Dia sacer,

Hanc aulam sacravit, Papaque dicavit divinis accr.
Septem Cardinales collaterales interfuerunt,
Ad Matris Dei honorem ei tunc adstiterunt :
Præsul Sabiniensis, Tusculanensis, hi bonitate,
Pontificali honore tali fulgeat dignitate :
Post Prænestinensis, Archi-Narbonensis et duo fratres
Sibi devoti, subditi toti, Episcopi vates,
Alter Florentinus cultus divinus, actu sereno :
Spernit amorem mundi, honorem, arescente fœno :
Septem aris consecratis, ac reliquiis ditatis sanctorum Ba-
|silica
Hac collocat, ut Smaragdus redoleat sat plusquam nardus
|sponsa Theos unica.
Hoc altare crucis lignum, et volumen carnis dignum, utero
|cum prodiit,
Hic velamen et præsepe, pallium et lapis, sæpe tumuli qui
|subiit.
Hic est vestis Matris Dei, atque Præcursoris et Zachariæ filii :
Petrus, Paulus et Andreas, quem occidit tunc Ægeas, Bar-
|tholomæus eximius
Partes corporum dederunt, quo nec tentæ tunc fuerunt
|dentes Cæphas principis.
Opulentum decoratur, hoc eximii ditatur meritorum adipes :
Hic Laurentius consistit, cui Vincentius adsistit de com-
|muni martyrio,
Anastasius et Clemens quem Afridianus demens consumpsit
|supplicio.
Nicolaus Præsul dignus, Sebastianus benignus, decora
|Cæcilia,
Anastasia virgo pia, a vera plena Sophia redolet ut lilia :
Istud fatetur quisquis gradietur, ad hanc aulam Dei
Septem annis et septem carinæ remissionis confessi criminis
Solutionisque datur ei feria quinta cum celebratur ante
Palmarum diem habebatur Papa jubente.

Hoc recordetur et memoretur quolibet mense

Remissio datur et condonatur tempore isto.

Credat fidelis, fiat inde felix petente Christo.

Meruit Abbas hoc Nicolaus, ut sibi semper insit laus operi
[tali :

Cuncti devoti sibi fuerunt et preces dignas administrave-
[runt homini quali.

Hæc reliquiæ sanctorum hic degentium binorum, pæni-
[tendi spacium

Nobis atque monachorum precedent et Angelorum in cœlis
[consortium.

Au nom du Seigneur.

L'an douze cent vingt et un après que le Christ est venu racheter le monde par un acte divin, aux calendes d'avril, l'heureux Honorius, élevé par sa dignité sacrée au-dessus de tous les hommes, a consacré cette église ; le Pape a fait cette dédicace avec bonheur, en se conformant aux rites divins.

Sept cardinaux se tenant à ses côtés ont pris part à la cérémonie, et l'ont assisté en l'honneur de la Mère de Dieu : l'évêque de Sabine et celui de Tusculum, tous deux remarquables par leur bonté : la dignité pontificale brille en eux de tout son éclat. Ensuite celui de Préneste, l'archevêque de Narbonne, et les deux frères tout dévoués à Marie, tout soumis à Elle, ce sont de saints évêques. L'autre est celui de Florence, zélé pour le culte divin ; la sérénité brille sur son front ; il a méprisé l'amour du monde et ses honneurs comme une paille desséchée. Après la consécration des sept autels, la basilique a été enrichie par les reliques des saints qu'on y a placées afin qu'on y respirât les parfums de la smaragde, et plus encore le nard de l'unique épouse de Dieu.

Cet autel renferme du bois de la Croix et des langes qui méritèrent d'envelopper la chair du Fils de Dieu, quand il sortit du sein de sa Mère.

Là se trouvent le voile et la crèche, le manteau et la pierre qui a été souvent placée sur le tombeau. Là est le vêtement de la Mère de Dieu et du Précurseur, fils de Zacharie. Pierre, Paul et André, qu'Égéas a mis à mort, le grand Barthélemy, ont donné des parties de leur corps ; on n'a pas même omis d'y placer les dents de Céphas, le Prince des Apôtres.

Voilà les richesses qui décorent ce temple, voilà de quels mérites choisis il est orné.

Là se tient Laurent, accompagné de Vincent qui partage avec lui la gloire du même martyre. — Anastase et Clément que l'insensé Afridianus a fait périr par le supplice.

Nicolas, ce digne évêque, le doux Sébastien, la belle Cécile, la pieuse vierge Anastasie, Sophie qui exhale comme les lis les parfums de la vraie sagesse.

Quiconque marche dans ce temple de Dieu est obligé de l'avouer : sept ans et sept quarantaines d'indulgence pour les péchés confessés avec l'absolution, sont accordés le jeudi qui précède le jour où l'on célèbre la fête des Palmes : c'est le Pape qui l'a voulu. Que l'on s'en souvienne et que l'on en rappelle la mémoire chaque mois ; la rémission des péchés est donnée et accordée pendant ce temps : que le fidèle le croie, qu'il en soit heureux, c'est le Christ qui le demande.

L'abbé Nicolas a mérité ces faveurs ; qu'une louange immortelle lui soit donnée pour une telle œuvre. Tous lui ont été dévoués et ont donné de dignes actions de grâces à un homme de ce mérite.

Que les reliques des deux saints qui reposent ici nous donnent le temps de faire pénitence, et que, par les prières des moines, nous obtenions aussi d'avoir dans le ciel la compagnie des Anges.

CHAPITRE IV.

TABLEAU CHRONOLOGIQUE ET HISTORIQUE
DES ABBÉS DE SAINT-VINCENT-ET-SAINT-ANASTASE
DEPUIS L'AN 1140 JUSQU'A LA COMMENDE.

I. — PIERRE-BERNARD DE PAGANELLI, né à Mont-Magne, près de Pise, envoyé par saint Bernard en Italie en 1140, devient premier Abbé de ce monastère. Il est élu pape en 1145, sous le nom D'EUGÈNE III. Dans l'Ordre de Cîteaux il est honoré du titre de Bienheureux et de Saint.

II. — Dom RUALENUS, français, ancien moine et prieur de Clairvaux sous saint Bernard, envoyé

comme Abbé aux Trois-Fontaines en 1145, résiste
opiniâtrément à son élection. Parmi plusieurs
lettres écrites par le Saint sur ce sujet, on nous
saura gré de reproduire celle qu'il adressa au
Bienheureux Eugène III, pour lui demander de
laisser rentrer Rualenus à Clairvaux.

« Nous savons avec certitude que notre cher Rualenus ne se tient pas tranquille dans la position qu'il
occupe, et nous avons l'assurance qu'il ne s'y tiendra
jamais. C'est pourquoi il est nécessaire, non-seulement
pour lui, mais pour moi, d'y apporter un prompt re-
mède. Car, je vous le dis, je me consumerai, tant qu'il
sera dans le trouble. Ne vous en étonnez point : nous
ne faisons, lui et moi, qu'une seule âme ; seulement il
est le fils et je suis la mère, car pour ce qui est du nom
de père, je vous l'ai cédé avec l'autorité qu'il suppose.
L'affection seule que je n'ai pu transmettre, m'est
restée, et c'est elle qui fait mon tourment. Une mère
ne peut pas oublier l'enfant de ses entrailles. Quelqu'un
dira peut-être que je l'ai été, mais moi je sens que
je le suis encore. La tristesse de mon âme me crie
que je suis mère, ainsi que l'affliction continuelle de
mon cœur à son sujet. Vous demandez de qui je me
plains : de moi-même ; je ne me plains nullement de
vous, mais je me plains à vous. C'est moi, c'est moi
qui, mère cruelle et tendre à la fois, n'ai point épargné
mes propres entrailles, pour purifier mon cœur dans
l'obéissance de la charité. J'ai offert en sacrifice ce
cher gage de ma tendresse, et sans contrainte, je
l'avoue, volontairement, j'ai obéi à une autorité qui

sait contraindre quand elle le veut. Il n'en est pas de
même de lui. Il opposait une résistance, vaine sans
doute, forcé qu'il était et par vous et par moi. Pou-
vais-je donc appréhender qu'il résisterait toujours avec
tant de persistance? Il est dans la nature d'un cœur
aimant de céder à ces importunités qu'on ne peut pas
amener au devoir. Autrement, le retenir là malgré lui,
après l'y avoir amené malgré lui, ce serait dur pour
lui et sans profit pour personne. Occuper une charge,
et n'y pas faire le bien, n'est d'aucun profit pour cette
charge : de plus ce n'est convenable ni à vous ni à
nous. « On ne fait pas le bien malgré soi, dit saint
Ambroise, quand même ce qu'on ferait serait bien ;
car l'esprit de crainte ne sert à rien là où n'est pas
la charité. » Nous vous en supplions par les entrailles
de la Miséricorde de notre Dieu, montrez un cœur
de père : rendez aux mamelles de sa mère, pendant
qu'il vit encore, un enfant dont toute la maladie vient
peut-être de ce qu'il a été sevré trop tôt. Il vaut mieux
le laisser vivre que le partager. Quelle utilité y au-
rait-il à sa mort? Tout ce que je sais, c'est que ni un
père ni une mère ne diront : *Qu'il ne soit ni à vous
ni à moi, mais qu'il soit partagé.* Vous ne redoutez
pas ce malheur, peut-être parce que vous ne croyez
pas qu'il arrive. Mais beaucoup de lettres que j'ai entre
les mains, et des bruits sourds qui m'arrivent en grand
nombre, me remplissent d'alarmes et me font craindre
que ce religieux ne s'enfuie, qu'il ne se retire et ne
se sépare non-seulement de vous, mais encore de
nous [1]. »

---

(1) Opp. S. Bern. Epist. 258.

Eugène III ne céda pas à de telles instances, et Rualenus ne rentra pas à Clairvaux. Peut-être le malheur prévu par saint Bernard à la fin de sa lettre, expliquerait-il pourquoi il est resté si peu de temps aux Trois-Fontaines. Nous savons seulement qu'il ne put jamais se résoudre à remplir sa charge.

III. — Dom Henri Moricotti, de Pise, élu Abbé en 1148, après avoir dignement rempli sa charge pendant quatre ans, est élevé par Eugène III à la dignité de cardinal du titre des SS. Nérée et Achillée. Il souffrit de grands travaux pour le service de l'Église, remplit avec courage les fonctions de Légat contre l'empereur Frédéric, et mourut à Rome en 1179, sous le pontificat d'Alexandre III.

IV. — Dom Baudouin, élu Abbé en 1161, fut en singulière estime auprès de plusieurs souverains Pontifes.

V. — Le nom du cinquième Abbé n'est pas connu ; il est désigné seulement par le titre de son Abbaye en qualité de Légat d'Innocent III, auprès des rois de France et d'Angleterre, avec l'Abbé de Casamari. Saint Antonin et d'autres historiens parlent aussi de sa légation en Allemagne.

VI. — Dom Nicolas rebâtit en 1220 plusieurs parties du monastère : c'est sous lui que Honorius III consacra l'église actuelle.

VII. — Dom Jacques de Pecoraria, de Plaisance, est élu Abbé en 1230. L'année suivante, 1231, il est fait cardinal-évêque de Préneste par Grégoire IX. Il fut envoyé comme Légat dans plusieurs contrées de l'Europe. Rentrant à Rome, au retour d'une légation en France et en Espagne, il fut pris et retenu quelque temps prisonnier avec plusieurs autres évêques par la flotte de l'empereur Frédéric. Il mourut en 1245, et fut enseveli au Vatican. Avant de prendre l'habit de l'Ordre de Cîteaux, il avait été archidiacre de l'église de Saint-Domnin, à Plaisance.

VIII. — Nous n'avons pas le nom du huitième Abbé; c'est à lui que le Pape Alexandre IV adressa sa bulle *Congrua nos,* du 2 des ides de janvier 1255, pour la confirmation de toutes les possessions données au Monastère depuis Charlemagne et Léon III. Le Pape constate comme une coutume existant déjà à cette époque, que les moines quittaient les Trois-Fontaines pendant l'été et se retiraient dans un lieu plus salubre appelé *Nemo.* Cette dernière résidence étant occupée par la Communauté pendant la plus grande partie de l'année, on parut craindre qu'elle ne devînt dans la suite des temps chef-lieu de l'Abbaye, au détriment de l'église St-Anastase. Alexandre IV s'y oppose formellement par sa Constitution, et réserve les droits de cette église à perpétuité. Cette bulle nous fait connaître également un monastère nommé *St-Benoît-de-la-Forêt*, qui avait embrassé les coutumes cisterciennes et s'était soumis à la juridiction de l'Abbé de Saint-Anastase. C'est avec regret que nous renvoyons ce document important aux pièces justificatives [1].

IX. — Dom Martin I, élu Abbé en 1283, fit enfermer la tête de saint Anastase dans un reliquaire d'argent, comme l'indiquait une inscription placée sur ce reliquaire : *Domnus Abbas Martinus fecit fieri hoc opus anno 1283.*

X. — Dom JEAN, Abbé en 1302.

XI. — Dom LÉONARD, élu en 1306, reconstruit le cloître et le chapitre, tels qu'on les voit aujourd'hui.

XII. — Dom BERNARD, en 1358. Le 27 juin 1369, Urbain V envoya aux Trois-Fontaines son Vicaire-Général, Jacques, évêque d'Aretino, assisté de plusieurs notaires publics, pour prendre une copie authentique du diplôme de Charlemagne et de Léon III, que nous avons déjà cité. Ce diplôme se trouvait écrit tout entier sur une plaque d'airain doré, conservée avec soin dans le monastère. Le Vicaire du Souverain-Pontife le fit transcrire mot à mot par Jean-Etienne Maffaron, l'un des notaires de la sainte Église Romaine, qui signa cette copie avec tous les témoins.

Aucun religieux n'est mentionné comme ayant

---

(1) Voir : Pièces justificatives, n° 2.

assisté à cette transcription ; la date du 27 juin expliquerait cette absence, car, à partir du 15 de ce même mois, la communauté se retirait à *Nemo,* auprès du lac qui porte ce nom au pied de la montagne d'Albano.

C'est la dernière fois qu'il est question de cette plaque ; elle a disparu depuis cette époque [1].

XIII. — Dom Thomas de Morgnon, en 1380.

XIV. — Dom Martin II, qui gouvernait en 1383, fut le dernier Abbé régulier appartenant à l'Ordre de Cîteaux, avant sa division en plusieurs congrégations.

CHAPITRE V.

ABBÉS COMMENDATAIRES APRÈS LA SUPPRESSION DES ABBÉS RÉGULIERS (1419-1625).

XV. — Le cardinal Branda, de Plaisance, fut le premier commendataire ; il résigna son Abbaye en 1419.

XVI. — Dom Antoine de Burgis, moine cistercien espagnol de Sainte-Marie-de-Vérola, en

---

(1) Ughelli. *Italia sacra,* tom. I, p. 51.

Aragon, fut fait Abbé en 1419, par Martin V; il mourut en 1443.

XVII. — Dom Ange, moine de Saint-Sauveur de Riese et Abbé de Saint-Apollonius de Connosa, fut fait abbé des Trois-Fontaines par Eugène IV, en novembre 1443. Il céda avec l'approbation du Saint-Siège, par perpétuelle emphytéose, à la république de Sienne, en 1452, plusieurs villes appartenant à l'Abbaye. Il mourut en 1460.

XVIII. — Bernard ou Bérard Hérule, cardinal de Spolète, fut nommé commendataire par Pie II, en 1461.

XIX. — Raphaël, cardinal Riério, nommé commendataire par Sixte IV, son oncle. Il travailla pour la gloire de Dieu à relever la discipline régulière, et composa un règlement dont les articles furent soumis par son successeur à l'approbation du Pape Léon X. Ce règlement avait pour objet de transmettre le monastère à la congrégation des Cisterciens d'Italie, et de déterminer les relations du commendataire avec la communauté, de manière à ce que cette dernière n'eût pas à en souffrir. Il se démit de son Abbaye entre les mains de Léon X, en 1518.

XX. — Jules, cardinal de Médicis, cousin de Léon X, fut fait commendataire la même année 1518; il l'était encore lorsqu'il devint Pape, en 1523, sous le nom de Clément VII. Sous son administration paternelle et par ses soins, les bonnes

intentions du cardinal Raphaël furent réalisées.
Dès ce moment, les moines eurent le droit de
reprendre leurs supérieurs réguliers, sans pré-
judice de l'Abbé commendataire qui dut être
désormais un cardinal. Léon X confirma ces dis-
positions de son autorité suprême par sa bulle du
28 janvier 1519. Nous en donnons la traduction,
parce qu'elle fournit de précieux renseignements
sur l'état du Monastère à cette époque, et règle
encore aujourd'hui les droits du commendataire.

LÉON, évêque, serviteur des serviteurs de Dieu,

Pour future mémoire ;

« Placé par la disposition divine, malgré l'indignité
de nos mérites, au gouvernement de la chaire de
l'Église militante ; en vertu de la charge pastorale qui
Nous a été confiée, et mu par un saint et pieux désir,
Nous Nous portons avec toute la sollicitude du zèle
aux moyens que Nous croyons les plus propres, avec
le secours de Dieu, à favoriser les monastères et les
personnes qui, après avoir dit adieu aux jouissances
mondaines, y vaquent aux exercices d'une vie pieuse,
sous la discipline de l'observance régulière, et s'ef-
forcent d'y faire fleurir de plus en plus le culte divin.
Et, pour que toutes les mesures prises dans ce but
demeurent fermes et intactes à perpétuité, lorsqu'on
Nous en fait la demande, Nous les corroborons de la
puissance apostolique. Or, une demande Nous a été

présentée de la part de nos chers Fils, Jules, cardinal-prêtre du titre de Saint-Laurent *in Damaso,* qui, par concession et dispense apostolique, tient en commende le monastère des SS.-Vincent-et-Anastase aux Trois-Fontaines, ou Eaux-Salviennes, situé hors de la ville, de l'Ordre de Cîteaux, et de la congrégation de Saint-Bernard de Toscane, du même Ordre, ainsi conçue :

« Dans le susdit monastère, tenu depuis longtemps « déjà en commende par plusieurs, le nombre des « religieux ou autres ministres nécessaires au culte « divin n'était pas suffisant, et les édifices et cons-« tructions n'était pas réparés et entretenus d'une « manière convenable et selon que la nécessité même « l'exigeait, de telle sorte que la discipline et l'ob-« servance régulière n'y était plus en vigueur. Notre « vénérable frère Raphaël, évêque d'Ostie, à qui ce « monastère, vacant par un motif légitime, était échu « en commende, de concert avec le président de la « congrégation alors en charge, et le procureur en « titre de cette même congrégation, en son nom de « procureur, tant pour l'accroissement du culte divin « dans ledit monastère, que pour la pratique de l'ob-« servance régulière de la discipline, et la conser-« vation et réparation des édifices et constructions « susdits, ont dressé, sauf toutefois le bon plaisir de « ce Saint-Siège, les articles ci-après, savoir :

« Ledit Raphaël, commendataire, concède à la sus-« dite congrégation le monastère tout entier, son « église, son dortoir et son cloître, avec tous les « meubles qui appartiennent à l'église et au monastère,

« ainsi que la sacristie et toutes les officines, à l'effet
« d'y ériger une mense conventuelle tout à fait dis-
« tincte de la mense abbatiale, en sorte que les
« membres de ladite congrégation pourront, à raison
« de ladite mense conventuelle, élire un prieur annuel
« ou pour un plus long temps, selon l'usage de ladite
« congrégation ; à la charge pour celle-ci de réparer
« et entretenir lesdites constructions et officines, et
« de faire les dépenses pour l'huile, la cire et autres
« objets nécessaires au culte divin ; réserve faite
« toutefois en faveur dudit Raphaël, et des commen-
« dataires qui seront pour lors, et de l'abbé dudit
« monastère, pour lui et sa famille. Le même Raphaël,
« pour l'entretien des religieux de ladite congrégation
« qui habitent ou qui habiteront ce monastère, et pour
« la mense conventuelle, en a divisé les jardins, les
« vignes et chaque terre, soit prairies, soit bois, les
« pâturages avec tous et chacuns des biens immeubles
« qui existent autour et près du même monastère,
« entre les moines qui l'habitent et y célèbrent l'office
« divin auquel ils ont été tenus jusqu'ici. En sus de
« ces biens, il leur concède six roubres d'une terre
« labourable..... appartenant audit monastère, appelé
« *Tènement,* avec tout ce qui est auprès, toutes et
« chacunes des maisons dudit monastère situées dans
« la ville, tant celles qui sont tenues ordinairement
« par les religieux du monastère, en quelque lieu
« qu'elles soient ou puissent être, que celles qu'ils
« ont coutume de louer à diverses personnes, et de
« plus la troisième partie d'une autre maison que le
« monastère possédait par indivis avec feu Nicolas

« *de Lottio,* citoyen romain, de son vivant, située dans
« le quartier de Saint-Eustache, près de la douane
« des marchandises de ladite ville. En outre, la pro-
« priété dite *Ronciliani,* avec toutes et chacunes
« maisons, terres, vignes, bois, prés, droits et appar-
« tenances, affectés à ladite propriété *Ronciliani* et
« appartenant audit monastère. Tous ces biens doivent
« être appliqués à la mense conventuelle, avec ceux
« dont les fruits, rentes et revenus n'excèdent pas,
« d'après l'estimation commune, la somme de quatre
« cents ducats d'or de la Chambre. Le même Raphaël,
« commendataire, a voulu qu'ils appartinssent de plein
« droit, avec tous les droits et appartenances, à ladite
« mense conventuelle, qu'ils fussent renfermés dans
« l'assignation des biens qui lui était faite, et dé-
« membrés et séparés des autres biens qui appar-
« tiennent audit monastère et au commendataire futur
« quelconque, ou à l'abbé dudit monastère ; en sorte
« qu'ils demeurent perpétuellement unis à ladite mense,
« et que, ni le commendataire ou abbé ne puisse
« s'ingérer en aucune façon dans ce qui a été concédé
« à ladite mense conventuelle, ni les religieux précités,
« dans les biens réservés... audit commendataire ou
« abbé ; et que les religieux soient exempts de toute
« supériorité de la part dudit Raphaël, et de tout com-
« mendataire ou abbé qui pourra exister. Mais le
« Prieur qui sera député à ce monastère par le cha-
« pitre général de ladite congrégation, aura pleine
« juridiction, toute supériorité sur les religieux, toute
« autorité et administration sur ladite mense. Et tout
« ce qui sera laissé à l'avenir par qui et de quelque

« manière que ce soit, en biens meubles ou immeubles,
« pour de bonnes œuvres, et toutes les aumônes faites
« par les fidèles à ce même monastère, appartiendront
« auxdits religieux, et sont censés dès maintenant
« appliqués à ladite mense à perpétuité. Que si, à
« l'avenir, la taxe papale, ou toute autre charge était,
« comme par le passé, imposée audit monastère par le
« Pontife romain, ou l'abbé du monastère de Cîteaux,
« au diocèse de Châlons, ou le chapitre de l'Ordre,
« ces mêmes religieux ne seront point tenus de payer
« ces dîmes ni d'acquitter ces charges. De plus, la
« congrégation susdite devra tenir et députer dans
« ledit monastère douze religieux ou frères d'une
« observance régulière, lesquels religieux, tout em-
« pêchement légitime cessant, seront tenus de rester,
« de coucher la nuit dans ledit monastère, d'y dire et
« célébrer les messes et autres divins offices pour les
« vivants et pour les morts, selon l'usage, et de subir
« toutes les charges de la sacristie et dudit monastère.
« Néanmoins, dans les mois de juillet, d'août et de
« septembre, et les quinze derniers jours du mois de
« juin de chaque année, à cause de la *malaria* qui
« sévit principalement à cette époque dans ledit mo-
« nastère, et rend l'air peu salubre, ils ne seront pas
« obligés d'y demeurer, de s'y arrêter et d'y passer
« la nuit, mais pourront, pendant ce temps-là, se
« transférer à la ville ou dans un lieu plus sain. —
« Si quelque difficulté venait à surgir à propos des
« biens assignés, la congrégation, durant le cours du
« procès et en cas d'éviction desdits biens, ne sera
« pas obligée de députer le nombre de religieux

« prescrit plus haut, mais seulement un nombre pro-
« portionné aux fruits perçus sur ces mêmes biens,
« ainsi qu'il est, dit-on, plus pleinement déclaré dans
« quelques articles dressés antérieurement. Mais,
« ajoutait la même pétition, comme le susdit Raphaël,
« commendataire, après la confection de ces articles
« et avant leur confirmation par ce Saint-Siège, a
« remis spontanément et librement sa commende entre
« Nos mains, Nous, acceptant sa démission, avons
« donné ce même monastère, vacant comme il l'était
« avant sa commende, au susnommé cardinal Jules,
« pour être par lui tenu en commende, dirigé et
« gouverné. Or, ce même Jules, cardinal et moderne
« commendataire. dudit monastère, non-seulement
« veut confirmer le contenu de ces articles, mais, outre
« les biens qui y sont énumérés, démembrer des autres
« biens du monastère, en faveur des religieux qui l'ont
« habité durant plusieurs années en exécution de ces
« articles, et pour l'augmentation de leur mense con-
« ventuelle, quatre autres maisons situées dans la
« ville, sur leur territoire, savoir : l'une, près du
« *Puits-Blanc*, l'autre, dans le faubourg, appelée
« maison *dei Pellegrini*, la troisième dans le champ
« de Flore, et la dernière à la pêcherie de la ville,
« ordinairement tenues par les commendataires ou
« abbés dudit monastère, et produisant ensemble une
« pension annuelle de soixante ducats, ainsi que l'assure
« ledit Jules, cardinal ; lequel les démembre en effet,
« les donne à ladite congrégation et les assigne à la
« dite mense, de la même manière et en la même
« forme qu'ont été donnés et assignés les biens dé-

« membrés autrefois par le susdit Raphaël, alors
« commendataire. En outre, le mi-fruit de la maison
« que le monastère possédait par indivis avec le susdit
« feu Nicolas et qui avait été vendue à ce dernier, et
« la somme de cent ducats pour la remise d'un cens
« annuel sur une maison sise près du *Puits-Blanc,*
« sur le territoire du monastère, dû à celui-ci par un
« certain Paul de Zenis, de son vivant, alors Prieur,
« et qui doit être réclamée à ses héritiers, ayant été
« employés soit à l'échange, sous certaines conditions,
« d'une maison que le monastère possédait dans la
« ville, rue des *Banchi,* où demeurait pendant sa
« vie Dominique de Suario, orfèvre, contre une autre
« maison située sur la place *Camille,* soit à la cons-
« truction et à l'érection de quelques autres sur la
« même place, ledit Jules, cardinal, veut et consent
« que toutes ces maisons sises sur cette place soient
« incluses dans les biens assignés à ladite mense
« conventuelle.

« En conséquence, de la part du cardinal Jules et
de la congrégation susdite, Nous avons été humblement
supplié de daigner appuyer de la puissance de la
confirmation apostolique, les articles, ordonnances,
pactes et conventions susdits, et toutes les choses
faites et assignées audit monastère par le même cardinal Jules, moderne commendataire, à sa volonté et
à son consentement, et par notre bienveillance apostolique de pourvoir à leur exécution. Nous donc, qui
désirons du fond de notre cœur la réforme de tous
les monastères, le bonheur et la prospérité des per-

sonnes qui y vivent sous l'obéissance régulière, et
l'accroissement du culte divin, surtout à notre époque,
absolvant et regardant comme absous par la série des
présentes et seulement pour leur effet, lesdites congrégations et chacun de leurs membres, de toutes les
sentences et peines d'excommunication, de suspense
et d'interdit et autres censures ecclésiastiques *a jure
vel ab homine*, portées pour quelque cause et à quelque
occasion que ce soit, dont ils pourraient être liés,
Nous inclinons à leur supplique, et, de notre autorité
apostolique, par la teneur des présentes, Nous approu-
vons les articles, ordonnances, pactes et conventions
susdits, toutes et chacunes des choses contenues dans
ces articles, en ce qui les concerne, et toutes celles
faites et assignées par ledit Jules, cardinal et moderne
commendataire, à sa volonté et consentement, et Nous
suppléons à tous et chacuns des défauts qui pourraient
s'y trouver. C'est pourquoi nous mandons par écrit
apostolique à nos Vénérables Frères les évêques
d'Ascoli, de Caserte et de Trévie, de vouloir tous
trois, ou deux ou un d'entre eux, publier solennellement
par eux-mêmes, par un autre ou par d'autres, les
présentes lettres et leur contenu, aux lieux et temps
qu'il sera besoin, et lorsqu'ils en seront requis par
ledit Jules, cardinal, et par ladite congrégation, et de
les faire, par le concours d'une défense efficace en
vertu de Notre autorité, observer fidèlement en tout
ce qu'elles contiennent, ne permettant pas que ledit
Jules, cardinal, et ladite congrégation soient molestés
en aucune façon à ce sujet, contre la teneur des présentes, par aucune personne de quelque état, rang

ou condition qu'elle soit, et contraignant les contra-dicteurs par les censures ecclésiastiques, sans égard à aucun appel. Nonobstant etc.

Donné à Rome, auprès de Saint-Pierre, l'an de l'Incarnation de Notre-Seigneur 1519, le 5 des calendes de février [1]. »

En vertu de cette bulle, le supérieur régulier des moines fut un simple prieur conventuel. Gaspard Jongelin, historien très-exact de notre ordre, et qui avait puisé les renseignements à une source authentique, n'a connu aucun abbé régulier durant cette période de plus de cent ans, et a continué, jusqu'à l'année où il imprima son livre, la liste des abbés commendataires.

XXI. — André, cardinal de Laval, en 1524.

XXII. — Hippolyte, cardinal de Médicis, neveu de Léon X.

XXIII. — Alexandre, cardinal Farnèse, neveu de Paul III, en 1535, qui rebâtit l'église *Scala-Cœli*, restaura la crypte de St-Zénon, fit faire un magnifique reliquaire pour le chef de saint Vincent, . moine et martyr.

XXIV. — Hippolyte, cardinal Aldobrandini, en 1588, qui devint plus tard le pape Clément VIII.

XXV. — Pierre, cardinal Aldobrandini, neveu

---

[1] Pièces justificatives, n° 3.

du précédent, qui confia, en 1599, la reconstruction de l'église des Trois-Fontaines au célèbre Jacques della Porta.

Pendant que Pierre Aldobrandini relevait l'église des Trois-Fontaines, un noble romain, Fabien Mathei, de la famille d'Innocent II, voulut continuer l'œuvre de ce grand pape, en restaurant à ses frais ce monastère et l'église des SS.Vincent-et-Anastase. Il fut regardé comme un des bienfaiteurs insignes de l'Abbaye. Les moines l'ensevelirent au milieu d'eux. On peut lire encore, à l'extrémité de la basse-nef de gauche l'inscription qui exprime leur reconnaissance et a conservé la mémoire du bienfaiteur :

ÆTERNÆ MEMORIÆ
FABII MATHEI, DOMICELLI ROMANI
BARONIS PAGANICÆ
ANTIQUISSIMO EX GENERE ANICIO ET PARACESCO
PII OPTIMEQUE MERITI REPARATORIS
MONASTERII HUJUS SANCTORUM VINCENTII ET ANASTASII
AD AQUAS SALVIAS
QUOD OLIM CUM TEMPLO MONACHIS CISTERCIENSIBUS
AB EJUS GENTILI INNOCENTIO II, PONTIFICE MAX.
RELIGIOSA FUERAT LIBERALITATE DONATUM
MONACHI ITEM CISTERCIENSES
ANTIQUI BENEFICII MEMORES
MONUMENTUM HOC GRATI ANIMI
POSUERE
ANNO DOMINI MDCVIII (1).

---

(1) A la mémoire éternelle de Fabien Mathei, noble Romain, baron de Paganica, de la très-ancienne famille Anicia et Paracesca, restaurateur pieux et bien méritant

Les armes de la famille Mathei sont sculptés au-dessous de cette épitaphe. Nous les trouvons aussi à l'extrémité de l'inscription qu'on lit au-dessus du portique qui précède l'église. Cette inscription rappelle la donation du monastère par Innocent II, à saint Bernard et à l'Ordre de Cîteaux. Elle paraît appartenir à la même époque que la précédente :

Innocentio II pontifici maximo ex familia Anicia, Papia et Paparesca nunc Matheia, sancti Bernardi opera sublato Anacleti schismate, eidem ac suis Cisterciensibus hoc a se restauratum monasterium dono dedit anno Domini MCXL [1].

XXVI. — Louis, cardinal Ludovisio, commendataire en 1621, neveu de Grégoire XV.

XXVII. — Antoine, cardinal Barberini, neveu d'Urbain VIII, commendataire en 1632. A dater de cette époque, nous voyons reparaître les abbés

de ce monastère des Saints-Vincent-et-Anastase, aux Eaux-Salviennes. Autrefois, ce monastère avec son église fut donné aux moines cisterciens, avec une religieuse libéralité, par Innocent II, souverain pontife, de sa famille. Ces mêmes moines cisterciens se souvenant d'un antique bienfait, ont placé ici ce monument de leur reconnaissance, l'an du Seigneur 1608.

(1) A Innocent II, souverain pontife, de la famille Anicia, Papia et Paparesca, aujourd'hui Mathei, lequel, après la destruction du schisme d'Anaclet par les soins de saint Bernard, fit don à ce même saint et à ses religieux de ce monastère réparé par lui, l'an du Seigneur 1140.

réguliers qui se succèdent sans interruption, conjointement avec les commendataires, jusqu'à la suppression de la communauté monastique par Napoléon, en 1812.

CHAPITRE VI.

ABBÉS RÉGULIERS GOUVERNANT LE MONASTÈRE PENDANT LA COMMENDE (1625-1812). — INVASION DES ETATS-PONTIFICAUX PAR L'ARMÉE FRANÇAISE. — ABANDON OÙ SE TROUVE RÉDUIT LE MONASTÈRE.

XXVIII. — Dom Thomas CENTINI est le premier abbé de la congrégation de Saint-Bernard-de-Toscane, dont les archives des Trois-Fontaines nous aient conservé le nom, en 1625.

XXIX. — Dom Ferdinand UGHELLI, florentin, fut nommé le 5 mai 1638. Appelé aux Trois-Fontaines, il remplit en même temps les fonctions de procureur-général près la cour de Rome. Par sa piété, son zèle pour le maintien de la régularité et sa vaste érudition, Dom Ughelli a passé pour un des plus grands hommes du xvii° siècle. Parmi les nombreux ouvrages qu'il a écrits, le plus important est l'*Italia sacra*, en neuf volumes in-folio, qui renferme des matériaux considérables de l'histoire de l'Eglise, en Italie.

Gaspard Jongelin a reçu de Dom Ughelli, dont il était contemporain, tout ce qu'il a écrit sur les monastères italiens, et en particulier sur les Trois-Fontaines, dans son savant ouvrage intitulé : *Notitia Abbatiarum Ordinis Cisterciensis.* Dom Ughelli mourut dans sa charge le 19 mai 1670, âgé de 75 ans, et fut enseveli dans l'église des Saints-Vincent-et-Anastase, près le maître-autel, à droite, où l'on voit parfaitement conservée son épitaphe, sur une plaque de marbre blanc entourée d'un beau cadre de marbre noir :

FERDINANDO UGHELLO
HUJUS MONASTERII ABBATI
MIRARE NOSTRI GRANDE SECULI DECUS
VIRTUTIBUS, LABORIBUS, MODESTIA,
CUI DEBET ITALIA SACROS ANTISTITES.
QUI TRAXIT E MORTIS SEPULCRO TOT VIROS
PERIRE MORTIS IN SINU NUNQUAM POTEST.
OBIIT XIIII KAL. IUNII AN MDCLXX, ÆT. LXXV.
DE SUO COETERISQUE ITALIÆ
FRANCISCUS EPISCOPUS OSTIENSIS
B. M. POSUIT [1].

---

[1] A Ferdinand Ughelli, Abbé de ce monastère. Admirez celui qui fut le grand ornement de ce siècle par ses vertus, ses travaux, sa modestie, et à qui l'Italie doit l'histoire de ses saints évêques. Celui qui a retiré un si grand nombre d'hommes illustres de l'oubli du tombeau ne peut jamais périr dans le sein de la mort. — Il s'endormit le 14 des calendes de juin l'an 1670, à l'âge de 75 ans. — A celui qui a bien mérité de son diocèse et de tous les évêchés d'Italie, l'évêque d'Ostie a élevé ce monument.

Depuis cette époque, tous les Abbés qui se succédèrent sur le siège des Trois-Fontaines, à l'exclusion du dernier, remplissent en même temps la charge de procureurs-généraux de l'Ordre. Nous ne savons d'eux autre chose que le nom et quelques dates sans intérêt.

XXX. — Dom Jean-Baptiste MAGGI, en 1694.

XXXI. — Dom Lorenzo TIBERNI, en 1699.

XXXII. — Dom Bernard BARBERI, en 1703.

XXXIII. — Dom Louis INNOCENZI, 1709.

XXXIV. — Dom Paul TURAMINI, de 1712 à 1719.

XXXV. — Dom Marc CECCHI, en 1724.

XXXVI. — Dom Nivard, DEL TICCIO, de 1729 à 1745.

XXXVII. — Dom Guillaume TOSCHI, de 1746 à 1750.

XXXIII. — Dom Armand CINELLI, de 1750 à 1760.

XXXIX. — Dom Crescent DAVANGATI, de 1763 à 1765.

XL. — Dom Pierre-Paul POGGI, de 1765 à 1771.

XLI. — Dom Prosper CAMPANA, de 1772 à 1781.

XLII. — Dom Jean-Colombino FATTESCHI, de 1781 à 1794.

XLIII. — Dom Gérard GIOVANNINI, nommé en 1796; il cesse d'être Abbé en 1798, mais il continue à remplir les fonctions de procureur-général jusqu'en 1803.

XLIV. — Dom Louis DE MEDICI termine les Abbés de la congrégation de St-Bernard, et assiste

tristement à la ruine de son monastère. Entré
jeune dans l'Ordre, dom Louis de Medici en avait
occupé les charges importantes. Nous trouvons
sa signature comme simple moine sous Dom
Cinelli, en 1760; il est fait Camerlingue ou Procureur de son monastère en 1771, Prieur en 1785,
Abbé en 1800. Dans cette dernière charge se
consomment les tribulations de sa vie. Dès l'année
1806, on l'écarte du gouvernement de son monastère, dont l'administration est confiée à un cellérier
nommé Vénance de Bernardis, qui agit en maître
jusqu'à la fin. Il paie une pension de 59 écus
romains au vieil Abbé.

Le 2 février 1808, les troupes de Napoléon
entrent dans Rome, sous le commandement du
général Miollis. Le 2 avril suivant paraît le décret
par lequel Napoléon prend possession des pro-
vinces d'Urbino, d'Ancône et de Macerata.

Le 17 mai 1809 est signé le décret qui réunit
les Etats de l'Église à l'Empire français, et déclare
Rome ville impériale et libre.

Dès l'année suivante 1810, les comptes de
l'Abbaye des Trois-Fontaines sont vus et arrêtés
par un commissaire de l'Empereur, nommé
Beranici, et contre-signés par un autre commissaire impérial nommé Lon. Cette dernière signature se trouve seule à la fin de presque chaque
page des archives jusqu'à l'année 1812, où elles
finissent. A cette même époque disparaissent pour

toujours les grands reliquaires d'argent, dont la piété de Charlemagne et la munificence des abbés et des cardinaux commendataires avaient enrichi les trois églises. Alors sont aliénés aussi les nombreux immeubles que le monastère possédait dans Rome ; un seul à peine, celui de *Tor de Specchi*, peut échapper à la rapacité des spoliateurs.

Tandis qu'on dépouille ainsi les Trois-Fontaines, le dernier Abbé finit sa carrière sous la domination de son cellérier, et avec lui se termine la liste des Abbés appartenant à la congrégation de St-Bernard.

Depuis l'occupation des Etats de l'Église par les troupes françaises et la captivité de Pie VII, malgré la chute de Napoléon et la rentrée triomphante du Pape dans Rome, le monastère reste désert.

Dans les premiers temps de son pontificat, Léon XII, voulant visiter des lieux sanctifiés par tant de souvenirs, ne trouva personne pour le recevoir. Il fut frappé de la malpropreté qui déshonorait les trois sanctuaires, et voulut remédier à ce triste abandon. Par une bulle du 23 juin 1826, il enleva à l'Ordre de Cîteaux les Trois-Fontaines et la basilique de Saint-Sébastien pour les confier aux Frères-Mineurs de l'Observance. L'Ordre de Cîteaux perdait ainsi une Abbaye qu'il avait possédée 686 ans, de 1140 à 1826.

Cependant les vues du zélé Pontife ne purent

être remplies aux Trois-Fontaines. Une famille religieuse ne put jamais y séjourner, et les vénérés sanctuaires ne furent pas tenus avec plus de décence que par le passé. Les nombreux visiteurs qui, depuis 1826, ont voulu honorer saint Paul, saint Zénon ou saint Bernard, dans ces lieux qui leur sont consacrés, ont gémi de la désolation où ils les ont vus réduits.

Dans ces dernières années, pourtant, quelques efforts avaient été tentés pour réparer ce désordre. Les grands tableaux qui avaient orné la Basilique vaticane, lors de la canonisation des martyrs du Japon, en 1862, avaient été placés dans l'ancien dortoir des moines, où on les voit encore. Ils représentent plusieurs miracles de saint Pierre-Baptiste et de ses compagnons.

Mais le service ne se faisait pas dans les trois églises. Un frère lai, unique habitant du monastère, conduisait les visiteurs dans les divers sanctuaires, et se retirait le soir, par crainte de la fièvre, à Saint-Sébastien. Dans de rares circonstances, quelques Pères venaient célébrer les messes de fondation dans un petit chœur, où sont conservées aujourd'hui les reliques. Enfin, par ordre de Pie VII, un prêtre arrivait tous les dimanches, dans la saison des pâturages, célébrait la messe et faisait le catéchisme dans l'église *Scala-Cœli* en faveur des bergers du voisinage.

Tel était l'état des choses, quand la Providence

ménagea quelques évènements qui semblaient présager la restauration de la célèbre Abbaye. Avant de les raconter, nous remonterons un peu plus haut dans son histoire, pour combler une lacune, et nous en viendrons ensuite à dire ce qui se fait aujourd'hui.

CHAPITRE VII.

QUELQUES COMMENDATAIRES DEPUIS 1640 JUSQU'À NOS JOURS. ÉVÈNEMENTS ACTUELS. — PIE IX, PAR UNE BULLE, REND LES TROIS-FONTAINES AUX CISTERCIENS RÉFORMÉS.

Nous aurions désiré donner une liste complète des commendataires qui ont administré l'Abbaye des Trois-Fontaines depuis Antoine Barberini, en 1632; mais le premier que nous offrent nos documents, après une lacune de plus d'un siècle, est le cardinal Joseph Doria, qui possédait le monastère en 1795, et s'y trouvait encore en 1805.

En 1833, Mgr Constantin Patrizzi, Archevêque de Philippes, aujourd'hui Cardinal, Vicaire de Sa Sainteté, était en possession de cette commende où le pape Grégoire XVI l'avait nommé. Il était présent à la visite dont ce Pontife honora le monastère, le 27 octobre de la même année, et fit

graver à cette occasion l'inscription suivante,
qu'on lit à l'extrémité de la première galerie du
cloître :

GREGORIO. XVI. P. M.
PRINCIPI. OPTIMO. INDULGENTISSIMO.
QUOD. V. KAL. NOVEMBRIS. AN. MDCCCXXXIII.
SACELLA. PAULI. APOSTOLI. MARTYRIO. DICATA.
VENERATUS.
MONASTERIUM. HOC. PRÆSENTIA. HONESTAVERIT.
ET. MENSÆ. DISCUMBERE. HAUD. DEDIGNATUS. SIT.
CONSTANTIUS. PATRITIUS. ARCHIEP. PHILIPPEN.
PRÆFECTUS. DOMUS. PONTIFICALIS. ET. MONASTERII. ABBAS.
AD. MEMORIAM. TANTÆ. BENIGNITATIS.
FAC. CURAVIT. (1).

Son Eminence eut pour successeur le cardinal
FERRETTI, cousin de sa Sainteté le pape Pie IX, qui
a laissé dans Rome une si sainte mémoire.

Enfin, nous dépasserions les bornes que nous
nous sommes prescrites, si nous voulions exprimer
notre reconnaissance envers le cardinal Joseph
MILESI-FERRETTI, Abbé commendataire actuel. Son
administration sera signalée par une des phases
les plus inattendues de l'existence si variée des
Trois-Fontaines, puisque c'est à sa bienveillance
que nous devons la transmission de cette célèbre

_____

(1) A Grégoire XVI, Souverain Pontife, prince très-bon
et très-indulgent, qui, le 5 des Calendes de novembre de
l'année 1833, vénérant les églises dédiées au martyre de
l'apôtre Paul, honora ce monastère de sa présence, et ne
dédaigna pas de s'asseoir à table. Constantin Patrizzi,
Archevêque de Philippes, Majordome pontifical et Abbé du
monastère, pour conserver le souvenir d'une si grande
bonté, a pris soin de faire graver cette inscription.

Abbaye à la Congrégation cistercienne de la
Trappe. Son Eminence a fait, au xix⁰ siècle, pour
relever le monastère, ce que les cardinaux Raphaël
Rierio et Jules de Médicis firent au xvi⁰, en
l'unissant à une branche cistercienne qui pût lui
rendre la vie.

Sa tendre piété envers les saints, dont les reliques forment le trésor des Trois-Fontaines, lui
a inspiré la généreuse résolution de les placer
dans de beaux reliquaires, moins indignes d'eux.
Trois grandes châsses en cuivre doré, ornées des
armes de Pie IX et du Cardinal-Abbé, renferment
le crâne et les ossements sacrés de saint Zénon,
la tête et le corps de saint Anastase et les reliques
de saint Vincent. De grandes urnes en cuivre ou
en bois renfermaient déjà une certaine quantité
de reliques des compagnons de saint Zénon. Son
Eminence en a fait rechercher d'autres dans la
crypte, où ils furent ensevelis au iii⁰ siècle, et les
a placés dans un beau reliquaire en argent, orné
de sculptures et de ciselures en vermeil d'un goût
exquis. Ce reliquaire est le plus riche de tout le
trésor. Enfin, Son Eminence n'a pas même oublié,
dans sa piété, une parcelle du pape saint Félix II,
qui a eu aussi son reliquaire.

Pendant qu'on travaillait ainsi à honorer les
saints protecteurs des Trois-Fontaines, les fêtes
du Centenaire dix-huit fois séculaire de saint
Pierre conduisaient à Rome, en 1867, M. le Comte

de Maumigny, dont nous avons parlé au commencement de cette notice. La foi de ce chrétien des premiers âges s'émut de l'état d'abandon où était réduit le lieu du martyre de saint Paul, et il écrivit au Cardinal-Abbé pour lui offrir une somme d'argent qui servirait à la restauration de l'église. Ce don fut accepté avec empressement et reconnaissance.

Peu de mois après, la Providence, qui semblait se hâter d'arriver à la conclusion, amenait à Rome, pour les affaires de leur ordre, les deux Vicaires-généraux de la Trappe, en France. Une des affaires qui préoccupaient nos deux Révérendissimes Abbés était de trouver une habitation définitive pour le Procureur-général, au lieu de la demeure provisoire qu'il occupe encore à Saint-Nicolas-des-Lorrains. On prononça le nom des Trois-Fontaines, nom toujours cher aux enfants de Cîteaux, et l'attention se tourna de ce côté-là. Depuis son premier voyage à Rome, en 1855, le Révérendissime Abbé de la Grande-Trappe avait été séduit par ce monastère, et, sans redouter les fièvres, il s'était pris à désirer que ce lieu nous appartînt. L'espérance de le posséder bientôt le remplit de joie, et il voulut tenter une démarche.

Une visite au Cardinal-Abbé eut les plus heureux résultats. Son Eminence voulut bien témoigner son ardent désir de nous voir prendre possession des Trois-Fontaines, et, pour encou-

rager les deux Vicaires-généraux et le Procureur-
général, Elle leur communiqua la lettre de M. le
Comte de Maumigny. Les Vicaires-généraux ren-
trèrent en France, en donnant au Procureur-
général la mission de poursuivre cette affaire, à
laquelle le Souverain-Pontife s'était montré sym-
pathique dans l'audience de congé qu'ils avaient
obtenue. Son Eminence le Cardinal Antonelli,
secrétaire d'Etat de Sa Sainteté, prit la cause en
main, en sa qualité de protecteur de la Trappe.

Le Saint-Père poussa la bonté jusqu'à se charger
lui-même de donner à l'Ordre de Saint-François
une compensation convenable pour le sacrifice
qu'on allait lui demander, et dès lors la conclusion
ne se fit pas attendre.

Nous n'oublierons jamais le dévoûment avec
lequel le Cardinal Pitra encouragea nos efforts.
Son Eminence a gardé sous la pourpre l'humilité
du religieux, ce bel ornement de la science et des
plus hautes dignités. Elle daigna, dans tout le
cours des négociations, se considérer comme
notre frère.

Cependant, les sommes offertes par M. de
Maumigy avaient permis de commencer la restauration de l'église des Trois-Fontaines. Le R. P.
Piccirillo, de la Compagnie de Jésus, fut chargé
par le Saint-Père de diriger les travaux.

Enfin, le 24 avril 1868, parut la bulle pontificale
qui nous mettait en possession des bâtiments,

des terres et des droits appartenant aux Trois-
Fontaines. Nous la donnons en entier :

PIE IX, Pape

Pour en conserver la mémoire.

« Hors de la porte de Rome, nommée *Trigemina,*
ou *Porte d'Ostie,* existe un lieu appelé *Eaux-Salviennes,* où saint Paul, le docteur des nations, con-
somma, dit-on, son martyre en ayant la tête tranchée,
et vers lequel, en tout temps et de toutes les parties
du monde, les fidèles accourent en foule, poussés par
un motif de religion. En ce lieu aussi, s'élève une
ancienne église en l'honneur des saints martyrs
Vincent et Anastase, avec un monastère adjoint, et,
près de là, deux églises ou oratoires, dont l'un, dédié
à la Mère de Dieu, est appelé *Scala-Cœli,* et l'autre
porte le nom de Saint-Paul. Or, le monastère susnommé était occupé, dès les temps anciens, par des
religieux de l'Ordre de Cîteaux, et, au XIIᵉ siècle, il
fut habité par saint Bernard, docteur de l'Église,
l'honneur et l'ornement de ce même Ordre. Tant par
l'exercice des vertus que par la célébration des louanges divines, cette famille religieuse, commise à la
garde des trois églises, servait admirablement à exciter
la piété des fidèles. Mais lorsque, à la suite des per-
turbations politiques, le nombre des religieux de
Cîteaux, considérablement diminué, ne permit plus
aux moines des Saints-Vincent-et-Anastase de vaquer,
comme autrefois, aux offices sacrés, et de fournir aux

fidèles qui se présentaient les secours du salut éternel, il arriva que notre prédécesseur Léon XII, d'heureuse mémoire, par ses lettres en forme de bref, datées du 23 juin 1826, substitua aux religieux de l'Ordre de Cîteaux, dans le monastère des Saints-Vincent-et-Anastase, des religieux de l'Ordre des Frères-Mineurs de Saint-François de l'Observance. Et comme son intention ne fut pas seulement de les commettre à la garde de ce saint lieu, mais aussi qu'ils fussent à la disposition des fidèles qui désireraient laver les souillures de leur âme dans le sacrement de pénitence et se fortifier par la divine Eucharistie, il voulut que la communauté de ce monastère fût composée de douze religieux au moins, dont six, ou mieux encore, un plus grand nombre, fussent prêtres, et que, parmi eux, il y en eût au moins quatre approuvés pour recevoir les confessions. En outre, ayant imposé à ces mêmes religieux la charge de conserver et de réparer les constructions des trois églises, et de les fournir de tout le mobilier nécessaire au culte divin, il leur adjugea dans ce but l'usufruit de la vigne adjacente au monastère et un édifice situé dans la ville, appartenant aux Cisterciens et vulgairement appelé l'hospice « de Torre de Specchi, » ainsi qu'une chapellenie instituée par le Pape Pie VII, d'heureuse mémoire. Cependant, pour des causes particulières, jamais une communauté des Frères-Mineurs de Saint-François ne put s'établir dans ce monastère, conformément au rescrit de notre prédécesseur Léon XII, et, par suite, ces religieux résolurent d'abandonner la garde des trois églises, après nous en avoir demandé la permission.

Nous donc, désirant qu'un Ordre religieux veille à la garde de ce saint lieu, avons formé le dessein d'y établir des moines de l'Ordre de Cîteaux réformés, appelés « de la Trappe, » tenant pour certain que, vu leur piété éprouvée et leur zèle pour la religion, ils répondront parfaitement à nos vœux. C'est pourquoi, de notre propre mouvement et après mûre délibération, et de notre autorité apostolique, Nous attribuons, livrons et assignons à l'Ordre des moines Cisterciens réformés, appelés « de la Trappe, » la jouissance du monastère des SS.-Vincent-et-Anastase aux Eaux-Salviennes et la garde des trois églises y annexées, à Notre bon plaisir et celui du Saint-Siège, à cette condition néanmoins que la communauté monastique ne comprendra pas moins de quatorze personnes religieuses, les laïques compris, avec les revenus, émoluments et charges sous lesquels ledit monastère des SS.-Vincent-et-Anastase aux Eaux-Salviennes fut donné aux FF. de l'Ordre des Mineurs de Saint-François de l'Observance par notre prédécesseur Léon XII. En conséquence, Nous accordons et attribuons aux moines susnommés l'usufruit de la vigne adjacente audit monastère, et le droit de percevoir la moitié de la rente annuelle de deux cents écus, payée par le propriétaire emphytéote de la maison urbaine communément appelée *Hospice di Tor de' Specchi*, et dont l'autre moitié sera perçue à titre d'aumône par les FF. de l'Ordre des Mineurs de Saint-François de l'Observance à qui ont été donné le monastère et l'église de Saint-Sébastien aux Catacombes, par les susdites lettres de notre prédécesseur Léon XII. De plus, Nous assignons aux moines de l'Ordre de Cîteaux de la Trappe les fruits et les revenus de la chapellenie établie par notre prédécesseur Pie VII, d'heureuse mémoire, avec la charge de célébrer les messes. Toutefois, Nous entendons réserver à l'Abbé commendataire du monastère des SS.-Vincent-et-Anastase aux Eaux-Salviennes, qui existe actuellement et à l'avenir, la partie du monastère dont il jouit présentement, et la juridiction intacte sur l'église des SS.-Vincent-et-Anastase et les deux églises qui y sont annexées.

Décrétant que ces lettres soient et demeurent fermes, valides et efficaces ; qu'elles reçoivent et obtiennent leur plein et entier effet, et qu'elles soient un titre absolu pour ceux qu'elles concernent ou concerneront à l'avenir ; qu'elles doivent être jugées et définies de la sorte par tous les juges ordinaires et délégués, quels qu'ils soient, même les Auditeurs des causes du Palais apostolique et les Cardinaux de la Sainte Eglise Romaine, ôtant à tous et à chacun d'eux toute faculté et autorité de les juger et interpréter autrement, et déclarant nul et sans effet tout ce qui pourrait être tenté contre elles par qui que ce soit, en vertu d'une autorité quelconque. Nonobstant notre règle et celle de la chancellerie apostolique *sur le droit acquis qu'on ne doit pas enlever ;* celle de notre prédécesseur Benoît XIV, d'heureuse mémoire, sur la *Division des matières,* et autres règles apostoliques ; les constitutions générales et particulières, et ordonnances publiées dans les Conciles généraux, provinciaux et synodaux, ainsi que les statuts, coutumes et autres règles contraires des susdits moines réformés

de l'Ordre de Cîteaux, même corroborés par le serment, la confirmation apostolique ou tout autre force
quelconque.

Donné à Rome, près Saint-Pierre, sous l'anneau
du Pêcheur, le **21ᵉ** jour d'avril de l'an **1868**, le **22ᵉ**
de notre pontificat.

Card. Paracciani Clarelli [1].

CHAPITRE VIII.

LES RELIGIEUX RÉFORMÉS DE CITEAUX PRENNENT
POSSESSION DU MONASTÈRE. — COMMENCEMENT
DES TRAVAUX. — PREMIÈRES ÉPREUVES. — ELLES
SE CHANGENT EN JOIE. — VISITE DU PAPE AUX
TROIS-FONTAINES.

Pie IX avait été généreux, en 1868, comme
Honorius Iᵉʳ en 626 et Innocent II en 1140, malgré
la différence des temps. Les religieux de la Trappe,
à leur tour, devaient imiter le courage de leurs
pères qui n'avaient pas craint, pour obéir au
Pontife romain, d'affronter les maladies et les
incommodités de l'*agro romano*.

(1) Pièces justificatives, nº 4.

La donation était faite à la Trappe tout entière, sans distinction d'observances. Celle de l'abbé de Rancé et celle qui suit les constitutions primitives de Cîteaux se trouvèrent là, représentées par quelques-uns de leurs membres, et on commença à vivre en communauté. Un renfort était indispensable : le monastère de la Grande-Trappe, dont l'Abbé devait être le Père immédiat des Trois-Fontaines, envoya quelques religieux ; d'autres monastères fournirent aussi leur contingent. La petite communauté atteignit de la sorte le nombre fixé par la bulle et le dépassa peu de temps après.

Il faut peu de temps pour s'installer, quand on vit dans la pauvreté ; mais, aux Trois-Fontaines, les objets de première nécessité manquaient. On écrivit en France : *Envoyez-nous ce que vous voudrez, parce que tout nous manque.* Cet appel fut compris : de l'argent, des instruments aratoires, les outils de divers métiers, les vases sacrés, les ornements et les linges de sacristie arrivèrent, et les religieux se trouvèrent dans une abondance relative. Dans sa sollicitude paternelle, le Très-Saint-Père envoya un ostensoir et un calice.

Une fois organisé au dedans, on chercha à l'extérieur s'il ne serait pas possible d'assainir la maison, en donnant aux eaux une nouvelle direction. Un aqueduc, creusé et bâti solidement, donna les meilleurs résultats. Les jardins et la vigne étaient encore occupés par le fermier des

Frères-Mineurs ; on s'occupa de nettoyer les avenues et la cour intérieure.

Par les soins du Cardinal commendataire, cette première cour avait reçu, avant même l'arrivée des moines, quelques améliorations et une plantation d'arbres qui lui donnaient l'aspect d'un jardin. Le secrétaire de Son Eminence, qui avait mis courageusement la main à l'œuvre, disait agréablement *qu'il était le premier Trappiste des Trois-Fontaines.* Tous ces travaux sentaient la vie ; les visiteurs, déjà nombreux, admiraient qu'on eût pu opérer en si peu de temps cette transformation. Le printemps s'écoula au milieu de ces occupations et des exercices de la vie monastique, et les santés se soutinrent. Mais, au mois de Juillet, l'épreuve commença ; elle fut longue et dure. Tous furent frappés à divers degrés par la maladie ; quelques-uns succombèrent et affermirent par leur courage, c'est là notre espérance, l'œuvre de dévoûment à laquelle ils avaient immolé leur vie. Un moment, le découragement se fit sentir ; mais l'amour de Dieu, la dévotion à N.-D. du Sacré-Cœur, la confiance en saint Paul et aux autres martyrs qui ont versé leur sang dans ces lieux, la douce assurance que saint Bernard et nos premiers Pères protégeraient leurs enfants, dissipèrent bientôt ce nuage.

Les témoignages d'affection vinrent de Rome en grand nombre, et furent une consolation dans

l'épreuve. Le Saint-Père, touché de ce qu'il en
apprenait, chercha un asile plus salubre pour
les malades et proposa le monastère de Sainte-
Sabine. Le Révérendissime Père JANDEL, Général
des Dominicains, et ses religieux acceptèrent avec
empressement de les recevoir. Les circonstances
ne permirent pas de profiter de ces offres frater-
nelles; on dut rester sur le champ de bataille.

Ces nouvelles, arrivant en France, préoc-
cupèrent tous nos monastères et les nombreux
amis de notre Ordre. Alors, le Révérendissime
Père Dom Timothée, Abbé de la Grande-Trappe,
voulant voir par lui-même les mesures à prendre,
revint à Rome, au commencement du mois d'octobre, accompagné d'un autre Abbé et de quelques
religieux destinés à remplacer ceux qu'il faudrait
peut-être ramener en France.

Cette visite paternelle ranima les courages
chancelants. Les nouveaux venus pouvaient
prendre dans le monastère la place des malades;
on espéra un plein succès. Mais l'expérience était
faite; elle avait coûté assez cher. Passer l'été aux
Trois-Fontaines était chose à quoi il ne fallait
plus songer; il était indispensable d'avoir une
autre résidence pour cette saison de l'année,
jusqu'à l'époque, peut-être éloignée, où il sera
permis d'assainir, par la culture, cette partie de
la campagne romaine. Chercher cette résidence
fut une des principales occupations des deux
Abbés et du Procureur-général.

Une autre nécessité fut reconnue : celle d'établir l'autorité locale d'une manière stable dans le monastère. Les occupations incessantes du Procureur-général ne lui permettaient pas d'y résider comme il l'aurait voulu, et le père Prieur, son délégué, ne se croyait pas l'autorité suffisante dans les cas embarrassants. On fit donc venir un Abbé qui pût remplir les fonctions de supérieur régulier, et donner à la communauté monastique sa forme définitive. Cette mesure fut approuvée par le Cardinal commendataire.

La Providence avait préparé depuis longtemps l'homme de la circonstance. Le Révérend Père Eutrope, fondateur et premier Abbé de Gethsémani, avait eu à lutter en Amérique contre toutes les difficultés et les fatigues d'une fondation laborieuse. Après y avoir ruiné sa santé et donné sa démission, il était rentré à Melleray, sa maison-mère, croyant trouver le repos après le combat. Il devait en être autrement. Ses forces étaient revenues, et il était destiné à recommencer à Rome, âgé de soixante ans, ce qu'il avait heureusement accompli en Amérique dans sa jeunesse.

Le Révérend Père Dom Antoine, Abbé de Melleray, accepta, non sans peine, le sacrifice qu'on semblait exiger, et laissa partir Dom Eutrope. On lui avait demandé un acte d'obéissance ; à cette occasion, il répondit : *J'ai plus besoin de l'esprit de sacrifice que de celui d'obéissance.* Il lui en coûtait de se séparer d'un si bon religieux.

Le nouvel Abbé fut reçu aux Trois-Fontaines avec une joie filiale, cette joie qui est la consolation la plus sensible du religieux de la Trappe ; il semblait que désormais l'on n'aurait plus rien à souffrir.

Le ciel ne bornait cependant pas là les consolations qu'il destinait à nos frères éprouvés. La plus grande qu'ils pussent espérer allait leur faire oublier toutes les souffrances passées.

Le bruit se répandait dans la ville que le Saint-Père voulait aller lui-même bénir les malades, examiner les travaux entrepris, se rendre compte de ce qui restait à faire. Bientôt le Cardinal commendataire en donna l'assurance officielle aux Abbés. Les préparatifs pour recevoir le Pontife-Roi commencèrent avec entrain, malgré la pluie presque continuelle. Le jour fixé se leva triste et pluvieux ; les bons frères priaient Dieu que le mauvais temps ne vînt pas empêcher cette visite bénie. L'heure approchant, les Eminentissimes Cardinaux invités à cette occasion arrivèrent l'un après l'autre. La pluie tombait toujours. Enfin, le Cardinal-secrétaire d'Etat entre le dernier, et nous donne l'assurance que le Saint-Père, qu'il vient de voir il n'y a qu'un moment, est décidé à venir malgré tous les obstacles. Pour confirmer ces paroles si bienveillantes, arrive Monseigneur CENNI, prélat domestique de Sa Sainteté, portant

les présents qu'Elle destine au monastère, et qui
la précèdent immédiatement.

Mais la pluie devient torrentielle. Une estafette
à cheval part au galop du Vatican, et nous avertit
que Sa Sainteté ne peut venir. Sa voiture était
attelée, mais les prélats de sa maison l'ont suppliée
de ne pas s'exposer avec un temps pareil, et Elle
a cédé à leurs instances. Quel mécompte ! Et
pourtant plus d'un d'entre nous avait craint que
la santé du Pape ne fût compromise, s'il était
venu, et se sentait content qu'il eût pris le parti
de rester dans son palais.

Le Saint-Père ne pouvait disposer pour les
visites que d'un jour par semaine, le lundi. Or, le
lundi suivant, l'armée française attendait à *Civitá-
Vecchia* sa bénédiction ; le lundi d'après, se ren-
contrait la Commémoration des morts ; le vénérable Chapitre de Saint-Jean-de-Latran avait
obtenu la même faveur pour le troisième lundi.
C'est ainsi que les moments du Pape sont remplis
par des occupations sans cesse renouvelées. Nous
ne pouvions espérer humainement. Mais le Saint-
Père trancha la difficulté en notre faveur avec
cette persistante bienveillance qui ajoute un nouveau prix à sa visite. Elle fut fixée au 9 novembre,
et restera dans les archives des Trois-Fontaines
comme une date mémorable et le commencement
d'une ère nouvelle.

Nous traduisons le *Journal officiel de Rome* rendant compte de cette visite :

« Rome, 10 novembre 1868.

« Notre Saint-Père le Pape, en train ordinaire, s'est rendu hier matin aux Trois-Fontaines, où il arrivait à dix heures trois-quarts.

« Ce lieu devenu célèbre par le martyre de l'Apôtre des Gentils, par les sanctuaires qu'on y a élevés, l'est encore par l'Abbaye qui, à cause de l'étendue de sa juridiction, est devenue une des plus illustres de Rome et des environs, et a continué jusqu'à nos jours à être florissante.

« Elle est située hors de la porte d'Ostie, à une distance d'environ trois milles. On y arrive par une route qui, à quelques pas de la basilique patriarcale de Saint-Paul, laissant la voie Ostienne et s'écartant du bassin du Tibre, s'introduit à gauche entre les collines qu'elle traverse, aboutit à une petite vallée presque ronde, couronnée d'autres collines qui la mettent à l'abri des vents. Le terrain étant très-bas, l'atmosphère est humide : des sources très-abondantes, qu'on voit couler de tous côtés, donnent à ce lieu un cachet d'humidité, et le firent nommer anciennement les *Eaux-Salviennes*, et, plus tard, les *Trois-Fontaines*, lorsque des fontaines en jaillirent et le sanctifièrent, le jour du martyre de saint Paul.....

« En descendant de voiture, Sa Sainteté a été reçue par les Eminentissimes et Révérendissimes Cardinaux MILESI, Abbé commendataire et ordinaire

des Trois-Fontaines, ANTONELLI, protecteur des Trappistes, PITRA et BARILI. En outre, par le Révérendissime Père Abbé Cesari, président-général des
Cisterciens, et par les Révérendissimes Pères, l'Abbé
de la Grande-Trappe, l'Abbé d'Aiguebelle, venus de
France, les Révérendissimes Pères Abbés Régis, procureur-général, et Eutrope, supérieur du monastère,
et par la communauté tout entière.

« Le Saint-Père est entré d'abord dans l'église
de Sainte-Marie *Scala-Cœli*, et y a adoré le T.-S.
Sacrement. Ensuite, il a passé à l'église de Saint-Paul-
aux-Trois-Fontaines, où il s'est arrêté pour examiner
les travaux qui vont être finis : c'est-à-dire le grand
canal voûté qui reçoit l'écoulement des eaux et leur
donne le cours nécessaire pour dégager le sol de
l'humidité ; le pavé posé sur guêpier, pour aérer la
partie inférieure de l'édifice. Le Saint-Père a été
content de la manière dont on avait placé, au milieu
de ce pavé, la grande mosaïque en couleurs, représentant les quatre saisons. Cette mosaïque a été extraite
des ruines d'Ostie et donnée par le Pape pour l'ornement du temple sacré. Il a examiné le restant du pavé,
formé en grande partie avec des marbres dus à sa
munificence, et les autres parties de l'édifice ramené
à sa première splendeur et augmenté des bas-reliefs
du martyre des Princes des apôtres, appliqués aux
murs en face des monuments élevés sur les fontaines.
Il a admiré les sarcophages et les inscriptions des
premiers temps du christianisme, résultat des fouilles
nécessitées par la restauration de l'église, et qui
attestent l'antiquité du culte rendu à ce lieu vénérable.

Il a témoigné sa souveraine satisfaction. Sa Sainteté est ensuite passée dans l'église des SS. Vincent-et-Anastase.

« Dans ce vaste temple, le Saint-Père a vu avec plaisir l'amélioration obtenue par le déblaiement des basses-nefs, encombrées autrefois par des travaux de maçonnerie, et qui permet aujourd'hui de passer par les petites portes. Étant entré dans le monastère par la petite porterie, Il est monté à l'étage supérieur, et, dans la chapelle du chœur intérieur, Il a vénéré les saintes et célèbres reliques de saint Vincent, de saint Anastase, de saint Zénon et des autres saints qu'on y conserve dans de riches reliquaires. Il a regardé avec intérêt les nouveaux objets de sacristie, précieux et abondants, destinés aux trois églises, et y a ajouté un crucifix d'ivoire, un ciboire en argent et un magnifique missel. Sa Sainteté s'étant ensuite rendue à l'appartement du Cardinal-Abbé, est montée sur son trône et a admis au baisement du pied les Abbés nommés ci-dessus, avec toute la famille des moines. Cet honneur a été aussi accordé à Monseigneur Franchi, vicaire-général de l'Abbaye, à M. le baron Visconti, commissaire des antiquités, au Révérend Père Piccirillo, représentant M. le comte de Maumigny, le bienfaiteur dont nous avons parlé plus haut, et à un grand nombre de personnes du pays ou d'ailleurs.

« Après avoir accepté un rafraîchissement de l'Eminentissime Cardinal-Abbé, et visité les autres parties du monastère, au milieu des acclamations de la foule qui était accourue, Sa Sainteté est remontée en voiture vers midi et demie, pour retourner à la résidence apostolique du Vatican.

« Les trois églises, le monastère et les alentours, par les soins du Cardinal-Abbé, avaient été splendidement ornés, pour la circonstance, de tapisseries, de draperies, de feston de myrte et de fleurs, de drapeaux et d'inscriptions latines composées par M. l'abbé Charles Nocella. »

Voici la principale de ces inscriptions, que les religieux se proposent de transcrire sur le marbre pour immortaliser la mémoire de la visite pontificale :

PIO. IX. PONT. MAX.
MAJESTATIS. SUÆ. PRÆSENTIAM.
IN. CÆNOBIUM. N. INFERENTI.
MONACHI. CISTERCI. COLON. PERTICEN. REFORMATI.
NUTU. EJUS. IN. HAC. SEDE. CONSTITUTI.
OMNIBUS. LÆTITIIS. PLAUDUNT.
GRATULATI.
UBI. OLIM. MANSIT. BERNARDUS. DOCT.
DEIPARÆ. AMORE. ET. PRÆCONIIS. QUISQUIS.
IBI. ADESSE. ANTISTITEM. MAX.
AB. IMMACULATA. MARIÆ. ORIGINE. ADSERTA.
MEMORIÆ. IMMORTALIS. ET. GLORIÆ. (1).

---

(1) A Pie IX, Souverain-Pontife, qui a transporté dans notre monastère la majesté de sa présence, les moines Cisterciens réformés, dont la colonie est venue du Perche, applaudissent dans les transports de leur joie, et témoignent leur reconnaissance d'avoir été, par sa volonté, établis en ce lieu où demeura autrefois Bernard, ce docteur célèbre par son amour et ses louanges envers la Mère de Dieu.

Ils sont heureux de voir en ce monastère le Pontife suprême, dont la mémoire et la gloire sont immortelles pour avoir affirmé que Marie est immaculée dans sa conception.

CHAPITRE IX.

L'ÉTAT ACTUEL. — UN AMI DES TROIS-FONTAINES.
ESPÉRANCES POUR L'AVENIR.

La visite du Saint-Père parut avoir rendu la
santé aux malades et redonné des forces à tout
le monde.

On se mit, avec plus d'ardeur, à célébrer nuit
et jour les louanges de Dieu, — c'est là l'œuvre
principale du moine, — comme pour rallumer
dans les trois églises le feu sacré destiné à ne
plus s'éteindre. Le 21 novembre, fête de la Pré-
sentation de la Très-Sainte Vierge, la communauté
chanta Tierce, fit la procession et célébra solennellement la Grand'Messe dans la basilique des
Saints Vincent-et-Anastase. Quelle émotion remplit les cœurs, quand le chant cistercien, dans
son antique simplicité, retentit sous les voûtes du
vieux temple ! Lorsque le chantre, à la procession,
imposa le répons : *Beata progenies*, les larmes
faillirent étouffer les voix ; mais l'écho sonore,
muet depuis tant d'années, encourageait à chan-
ter. Les frères convers portaient la croix, les

chandeliers et l'encensoir, les moines formaient
la procession, chantant de toute leur âme; le
Révérendissime Abbé de la Grande-Trappe fer-
mait la marche, tenant à la main une vieille
crosse de bois doré, trouvée par hasard dans la
sacristie et oubliée là par les anciens religieux.
Les Anges seuls furent témoins de la fête, et
aussi de notre joie intime.

Les travaux reprirent en même temps toute
leur activité. On put enfin congédier le fermier
des FF. Mineurs et se charger soi-même de cul-
tiver la vigne et les jardins. La communauté
comptait dès lors dix-neuf membres, sans parler
des habitants de Saint-Nicolas; mais ce nombre
ne suffisant pas à tout ce qui restait à faire, on
chercha les bras qui manquaient. L'affluence des
visiteurs occupe plusieurs portiers, obligés de
montrer les sanctuaires et de donner des expli-
cations. Cardinaux, Princes, Évêques, étrangers
de distinction arrivent tous les jours avec la foule
des pieux pèlerins; le travail et les exercices réguliers seraient compromis sans un secours em-
prunté au dehors.

Dans ces circonstances, Dieu envoya aux Religieux des Trois-Fontaines un protecteur dévoué.
Nous voulons parler de Monseigneur de Mérode,
archevêque de Mélithène, Aumônier de Sa Sainteté,
ancien Ministre des armes. Personne ne pouvait
être plus utile à la fondation naissante.

Monseigneur de Mérode va droit au but ; il agit à la Française, même à Rome ; on sent, à le voir faire, qu'il a horreur des formalités inutiles qui retardent la conclusion d'une œuvre commencée. Son âme est large, et son cœur droit : ceux qui ont eu l'occasion d'envisager cette personnalité si bien tranchée, peuvent comprendre ce qu'il a dû souffrir, s'il lui est arrivé de rencontrer sur son chemin des diplomates. Mais ce qui est grand en lui, à l'égal de son cœur et de son intelligence, c'est son dévoûment. Le Pape, Rome, les Orphelins de *Vigna Pia*, ses amis le savent ; il sacrifie tout pour ceux auxquels il se dévoue : son temps, sa fortune, ses intérêts les plus chers. Les prudents trouvent qu'il va trop loin ; lui seul croit n'en pas faire assez. En vérité, c'est bien la Providence qui a donné un tel bienfaiteur aux Trois-Fontaines. Il a vu, dès les commencements, que les difficultés allaient surgir de toutes parts ; il s'est attaché à ce monastère et lui a rendu déjà des services de plus d'un genre.

Un voisinage, insupportable pour des religieux, a disparu en quelques heures, dès qu'il a pu en juger par lui-même. Depuis dix mois, les plus graves autorités avaient échoué à supprimer cet abus, et nous étions menacés de le garder peut-être pendant plusieurs années.

Les bras manquaient pour le travail, nous l'avons dit, à cause des fièvres. Monseigneur de

Mérode a offert de ses chers prisonniers, qu'il aime comme s'ils étaient ses enfants. Sous la douce direction des religieux, ces pauvres gens ont senti leur peine diminuer, pendant qu'ils rendent un service dont on se passerait difficilement. C'est un trait à noter parmi tant d'autres de la bonté du cœur de Pie IX, d'avoir chargé Monseigneur de Mérode de la direction des prisons : il savait qu'il donnait un père a beaucoup de malheureux.

L'assainissement du monastère est un problème redoutable ; mais au lieu de l'étudier encore après tant d'expériences, Monseigneur s'est mis à le résoudre. Il n'a demandé qu'une chose, c'est de s'y prendre comme bon lui semblerait. La terre a été enlevée à une grande profondeur, et il faut monter maintenant là où, depuis des siècles, il fallait descendre. En le voyant à l'œuvre avec cette activité qui est le cachet de sa nature, bouleversant les terrains, mettant à nu les fondations, quelques-uns ont pu se demander : Où veut-il en venir ? Ne va-t-il pas faire crouler la maison ? Mais la maison n'a pas croulé, et, si l'assainissement est possible, c'est à ces moyens énergiques qu'on le devra. Le Saint-Père, du reste, et le Cardinal secrétaire d'Etat ont admiré et approuvé un tel dévoûment.

Les moines sont reconnaissants. Ils demanderont à Dieu de conserver longtemps, pour le

bien de son Église, le digne Archevêque qui s'est
montré publiquement leur ami.

Sous la protection du Saint-Père, l'esprit public s'est tourné vers notre Ordre. Les vocations
se sont annoncées ; plusieurs ont tenté une vie
qui les avait d'abord effrayés. Si tous n'ont pas
persévéré dans leur entreprise, parce que l'enthousiasme ne dure pas à la Trappe, et que la
poésie y tombe à plat, d'autres ont été plus constants. Nous pouvons espérer que l'esprit de Dieu
conduira dans cette solitude autant d'âmes que
dans nos monastères de France et d'ailleurs, que
nous pourrons y pratiquer nos saintes règles,
c'est-à-dire l'office divin, les saintes lectures, le
travail des mains, l'hospitalité et l'aumône.

Cet espoir que nous n'exprimions pas sans
quelque hésitation au moment où nous publiions
cette notice, est devenu, grâce à Dieu, une réalité. Cinq ans s'étaient écoulés depuis l'arrivée
du nouvel Abbé, et on avait pu déjà constater
que l'œuvre s'était assise grâce à son dévouement.
La première fois qu'il fut admis à l'audience pontificale, Pie IX avec cette aimable et fine intuition
qui lui était familière, dit aux personnes qui
l'entouraient : *Cet Abbé américain réussira.* Et
comme Dom Eutrope, confus de ces paroles, répondait : « *Très-Saint Père, je suis incapable de
tout ; Vous ne me connaissez pas,* » le Pape reprit

avec assurance : *Oui, vous réussirez*. Jusqu'à la fin, le pieux Abbé regarda ces encouragements comme venant du ciel, et il y puisa le courage nécessaire dans la maladie et dans les croix inséparables d'une telle entreprise. Enfin, après de longues douleurs supportées avec patience pendant plusieurs mois, il rendit son âme à Dieu, entouré de ses frères, le 17 septembre 1874.

La charge de Prieur provisoire fut confiée au Révérend Père Dom Joseph-Marie, le premier postulant des Trois-Fontaines qui eût persévéré depuis la fondation. Son gouvernement ferme, intelligent et paternel, malgré la jeunesse de celui qui exerçait l'autorité, mit à découvert des qualités que l'on n'avait fait que soupçonner. Aussi, quand le Révérendissime Abbé de la Grande-Trappe vint, au mois d'avril suivant, visiter le monastère et établir une administration définitive, les Religieux, à l'unanimité, demandèrent la confirmation de leur supérieur provisoire, et Dom Joseph-Marie fut élu Prieur conventuel le 1er Mai 1875. Son titre d'Italien, dans les circonstances délicates où se sont trouvés les Religieux, n'a pas peu contribué à attirer sur les Trois-Fontaines la bienveillance des autorités civiles. Les quatre cents hectares qui entourent le monastère ont pu être reprises à des conditions favorables et assurent pour l'avenir le temporel de la communauté.

CHAPITRE X.

COUP D'OEUIL RÉTROSPECTIF SUR LES PERSONNAGES QUI ONT ILLUSTRÉ LES TROIS-FONTAINES PAR LEUR SAINTETÉ, LEUR SCIENCE OU LEURS DIGNITÉS. — CONCLUSION.

En esquissant à grands traits l'histoire de cette Abbaye, nous avons dû passer sous silence bien des faits intéressants. Il nous a semblé pourtant que cette notice serait trop incomplète, si nous ne donnions encore quelques détails sur les personnages qui n'ont fait que passer sous nos yeux, et qui forment la couronne impérissable des Trois-Fontaines. Nous en ajouterons quelques-uns que le cadre de notre travail ne nous a pas même permis de nommer, et que nous ne pourrions oublier sans injustice.

I. — LE BIENHEUREUX EUGÈNE III,

Premier Abbé régulier des Trois-Fontaines.

Eugène III fut non-seulement un grand Pape, mais un grand saint ; l'Eglise romaine et notre Ordre lui rendent les honneurs d'un culte public. Au moment de sa naissance, la famille Paganelli, à laquelle il appartenait, possédait

la seigneurie de Mont - magne. Il entra jeune
dans la cléricature, et fut fait chanoine du chapitre de Pise. Il en était Prévôt, quand saint
Bernard vint dans cette ville, en 1134, pour assis-
ter au concile qu'on y célébrait.

Pierre Bernard, pénétré par la parole ardente
du grand Abbé de Clairvaux, le suivit en France,
prit l'habit de ses mains et fit profession de la vie
monastique. Il se distingua par son amour pour
la prière et une vie cachée en Dieu. Saint Bernard,
pour ne pas contrarier cet attrait de la grâce, ne
lui donna point de charge importante, le laissant
tout entier, pendant cinq ans, aux exercices de
la vie contemplative. Le soin du chauffoir lui
ayant été confié, on admira avec quelle charité il
s'acquitta de ces humbles fonctions, mettant du
feu dans l'âtre, dit la chronique de Clairvaux,
afin que les religieux pussent chauffer leurs pieds
transis de froid, au sortir de matines. L'an 1140,
Adénulphe, Abbé de Farfa, voulant fonder un
monastère de l'ordre de Cîteaux dans une des
terres appartenant à son Abbaye, demanda des
religieux de Clairvaux. Pierre Bernard fut désigné
pour conduire la colonie. Elle se trouvait encore
à Farfa, recevant des mains de l'abbé Adénulphe
la plus fraternelle hospitalité, quand Innocent II,
qui attendait depuis quatre ans que saint Bernard
tînt la promesse qu'il lui avait faite d'envoyer des
religieux pour relever les Trois-Fontaines, arra-

cha Pierre Bernard et ses frères de leur retraite, et les contraignit de prendre possession de ce monastère. La lettre que Pierre Bernard écrivit au Pape pour se plaindre d'avoir été enlevé ainsi de Farfa, est un modèle de fermeté et de respect :

« A mon très-cher Seigneur et bien-aimé Père, INNOCENT, par la grâce de Dieu, Souverain-Pontife ; son serviteur Bernard le supplie d'écouter la prière des pauvres.

« Je me trouve placé entre deux situations critiques : d'un côté le respect m'impose le silence, et de l'autre la nécessité m'oblige à parler.

« Je parlerai donc à mon Seigneur, quoique je ne sois que cendre et poussière ; mais je parlerai dans l'amertume de mon cœur.

« J'ai à me plaindre de vous, Seigneur, mais vous seul entendrez ma plainte. La querelle qui existe entre nous est secrète même après que la cause est étalée en plein soleil.

« On a fait ce que vous aviez ordonné : nous sommes venus au monastère de Saint-Sauveur d'après votre volonté exprimée dans les lettres que vous adressiez à votre serviteur notre Père. Et aujourd'hui où est ce que nous attendions ? Qu'est devenue votre promesse ?

« Nous avons passé à travers le feu et l'eau, et si Dieu n'eût été avec nous, peut-être aurions-nous péri engloutis par les eaux. Nous avons fait l'expérience de tous les périls : périls du côté des voleurs

et des fleuves ; périls dans les cités et dans la solitude ; périls sur terre et sur mer, et personne n'est
venu à notre secours. Tous ces maux ont fondu sur
nous, mais ce n'était pas encore la fin.

« Vos lettres, Seigneur, nous avaient arrachés du
sein de notre Père : au premier son de votre voix,
laissant nos frères et notre père, nous avions couru à
l'odeur de vos commandements. Vos lettres encore
nous enlevaient des bras de notre mère et des mamelles de sa consolation : nous voilà chassés du lieu
de délices et vous-même, Seigneur, placez un glaive
de feu à l'entrée de ce paradis pour que nous n'y
puissions rentrer. Plût à Dieu qu'il ne fût point in-
flexible ! Notre chant s'est transformé en gémissements.
Comment chanterions-nous le cantique du Seigneur
sur une terre étrangère ? Oh combien il était plus
doux et plus sûr de sentir nos âmes tressaillir d'allégresse dans le sein de notre mère, dans la chambre
de celle qui nous avait enfantés ! Au lieu de cette joie,
nous sommes venus comme à l'aventure, nous avons
combattu comme si nous frappions l'air de nos mains.
Malheureusement, Seigneur, c'est votre promesse qui
est en cause, nous qui l'avions jugée pleine de grâce
et de vérité !

« Et maintenant, puisque l'hiver est passé et est
loin de nous, si tel est votre bon plaisir, nous sor-
tirons pour voir où nous pourrons poser nos pieds et
trouver le repos. Car jusqu'à ce jour la grêle, la neige,
la glace, le souffle des tempêtes nous ont empêché
de nous mettre en chemin.

« En outre n'est-il pas cruel, n'est-il pas absolu-

6

ment contraire aux devoirs de la charité la plus vul-
gaire de frustrer de son désir celui qui nous aimait
avant de nous connaître, qui nous avait adoptés pour
ses fils avec une tendresse paternelle, qui aurait, s'il
l'avait pu, arraché ses yeux pour nous les donner ?
Mon roi et mon Dieu n'avait ici-bas où reposer sa
tête. S'il lui plaît, que le monde aussi nous rejette
et nous contraigne à errer dans les solitudes, sur les
montagnes, dans les grottes et les cavernes de la terre !

Cette plainte résignée, tempérée encore par
le respect, ne suffit pas à calmer sa douleur. Il
avait besoin de l'épancher avec plus de liberté
dans le sein de celui qu'il appelait son Père. Il le
fit par cette lettre si belle où, dévoilant son cœur,
il exprime en termes si touchants la tendre affection qui l'unissait à saint Bernard et la douleur
qui avait brisé son âme lorsqu'il lui avait fallu
quitter Clairvaux.

« A mon vénérable Seigneur et très-aimé Père
l'Abbé de Clairvaux, son fils Bernard demande
cette onction qui instruit en toute science.

« Toutes les fois que se présente à ma mémoire
ce jour de misère et de malheur, où j'ai été arraché
de vos entrailles et privé de votre consolation, il
m'est plus facile de pleurer que d'écrire. Si l'abondance de mes prières était égale à celle de mes
larmes, il vous serait facile de comprendre en quel

état se trouve votre pauvre et malheureux enfant.
Quand mon esprit veut y réfléchir, quand ma main
prend la plume, ma douleur se renouvelle.

« En écrivant je vois cette amertume très-amère,
la triste image du jour où l'ignorance a été placée
sur le chandelier, et le trouble m'envahit. Je n'ai pas
la pensée, ô mon Père, de blâmer ni votre conduite
ni le motif qui vous a fait agir — tout le monde croit
y voir le doigt de Dieu — mais je laisse un peu ex-
haler ma douleur. Car depuis que j'ai été arraché de
votre présence et de vos regards, ma vie s'éteint dans
le chagrin et mes jours s'écoulent dans les gémissements. Malheur à moi! j'ai perdu la forme dont je
recevais l'empreinte, le miroir qui me servait à ré-
gler ma conduite, la lumière de mes yeux! Cette
douce voix ne retentit plus à mes oreilles; ce beau
visage qui semblait me reprocher mes fautes ne ré-
jouit plus mes regards.

« Pourquoi, ô mon Père, ai-je été trompé dans
mon espérance; pourquoi suis-je frustré de mon désir?
Ma vie a été coupée par le ciseau du tisserand; pendant qu'on travaillait à me former j'ai été brisé. En
moi a été accomplie cette triste sentence; ce que vous
expliquiez dans le *Cantique des Cantiques*, je le lis
aujourd'hui dans le livre de ma propre expérience :
*L'homme, quand il était dans l'honneur, ne l'a pas
compris*. Je n'ai pas, en effet, assez compris pendant
que j'étais à Clairvaux, que j'habitais un lieu de délices, au milieu des arbres du paradis, et je comptais
pour rien d'être dans une terre qui est aujourd'hui
l'objet de mes désirs.

« Dites-moi, mon Père, dites-moi ce qui a pu m'attirer vos regards et vous déterminer à m'établir le chef et le précepteur d'une nation, à me constituer le prince de votre peuple? Est-ce ma conduite dans le siècle? Mais elle a été souillée par le péché. Est-ce ma vie dans le monastère? Mais elle a été lâche et paresseuse. Pourquoi me reconnaissant petit à mes propres yeux, suis-je devenu le chef d'une tribu en Israël? Quand je n'étais pas encore purifié de mes fautes secrètes, comment n'avez-vous pas épargné à votre serviteur la responsabilité des fautes d'autrui? Que peut faire un homme tourmenté par la contrition du passé, la sollicitude du présent et la crainte de l'avenir? Dans l'excès de ma douleur, au comble de ma misère j'ose vous dire, ô mon Père, que la blessure m'est venue d'un ennemi que je n'attendais pas.

« Enfin, Seigneur, pour vous parler du lieu où vous m'avez envoyé, j'ai couru comme dans l'incertitude; j'ai combattu comme si je frappais l'air. Car le Seigneur Pape qui m'a fait venir par ses lettres n'a pas réalisé en acte ce qu'il avait promis par écrit, la confirmation de la donation, comme le prouvent les évènements présents. L'abbé de Farfa à notre arrivée a fait éclater tous les transports de sa joie et a reçu vos enfants de toute la bonté de son cœur. S'il est permis de parler ainsi, il aurait arraché ses yeux pour nous les donner. Il n'est répréhensible qu'en un seul point et il serait bon qu'il en fût repris par vous, c'est qu'il a tout fait avec précipitation et a dépassé ses promesses et notre volonté.

« J'ai déjà été trop long dans mon récit; ce qui

m'oblige à vous dire le plus brièvement un mot de mon intérieur, mais ce mot sera bien vrai : *Laterem lavo*, je perds mon temps et ma peine. »

Nous avons vu comment Pierre Bernard fut, contre toute prévision, élevé à la Papauté. Ce qui alarma saint Bernard, à cette nouvelle, fut surtout la timidité de son disciple, son aversion pour les affaires et son goût prononcé pour le recueillement. Il sembla craindre qu'il n'eût pas les qualités voulues pour la suprême autorité. Mais Dieu vint à son aide, et il montra, dans tout le cours de son pontificat, une fermeté et une expérience des hommes qu'on ne lui connaissait pas.

Sa vie privée continua d'être celle du moine le plus austère. Il portait la chemise de laine, gardait nuit et jour la coule, couchait sur la paillasse piquée, observait autant que possible les pratiques de la règle. On remarqua toujours en lui cette tendre dévotion à la Très-Sainte Vierge, qu'il avait puisée à l'école de saint Bernard, le plus tendre de ses serviteurs, que saint François de Sales appelle le *Docteur emmiellé, chantre de la divine Vierge*. Eugène III témoigna sa piété filiale envers la Mère de Dieu, en faisant construire le portique de Sainte-Marie-Majeure avec un péristyle de marbre blanc. On y grava plus tard cette inscription :

TERTIUS EUGENIUS ROMANUS PAPA BENIGNUS
OBTULIT HOC MUNUS VIRGO MARIA TIBI.
QUÆ MATER CHRISTI FIERI MERITO MERUISTI,
SALVA PERPETUA VIRGINITATE TIBI.
ET VIA, VITA, SALUS, TOTIUS GLORIA MUNDI,
DA VENIAM CULPIS, VIRGINITATIS HONOS (1).

Des miracles nombreux manifestèrent sa sainteté. On raconte que, s'étant vu contraint de se retirer à Viterbe, à la suite d'une émeute, il y reçut la visite de quelques évêques arméniens, venus pour demander la solution de plusieurs doutes touchant la Sainte Eucharistie et la célébration de la Messe. Le Pontife ayant fait résoudre les difficultés qu'ils proposaient, voulut, pour terminer la dispute, célébrer lui-même le divin Sacrifice en leur présence. Or, pendant qu'il était à l'autel, une vive lumière, venant du ciel, remplit la chapelle et vint se poser sur la tête d'Eugène III. Au même moment deux colombes apparurent et s'y placèrent également. Ce prodige dissipa les doutes des Arméniens, leur fit comprendre la grandeur de nos mystères, et ils remportèrent en Orient la plus haute idée de la sainteté du Souverain-Pontife.

---

(1) Eugène III, Pontife romain plein de bonté, vous a fait ce présent, ô Vierge Marie. Vous qui avez mérité, par vos vertus, de devenir la Mère du Christ, gardant toujours votre Virginité. Vous êtes la voie, le salut, la gloire du monde entier. Honneur de la Virginité, pardonnez-nous nos fautes !

Les troubles continuant toujours à Rome,
Eugène III fut contraint de passer en France, où
il présida plusieurs conciles, à Auxerre, Paris et
Rheims. Il voulut revoir Clairvaux, le berceau de
sa vie religieuse, et passa plusieurs jours en compagnie de saint Bernard et de ses anciens frères
édifiés de son humilité. Il alla ensuite à Cîteaux,
où il présida le Chapitre-général de l'année 1148.
Dans ce chapitre, l'Abbaye de la Trappe fut affiliée
à l'Ordre de Cîteaux, avec tous les monastères de
l'Ordre de Savigny auquel elle appartenait :
Eugène III adoptant ainsi le monastère qui devait
rendre la vie aux Trois-Fontaines sept cent vingt
ans plus tard (1148-1868).

Rentré à Rome, il sut gagner l'affection des
grands et du peuple par la droiture et la fermeté
de sa conduite, malgré les réformes sévères qu'il
dut introduire, et mourut à Tivoli en 1153, avec
la réputation d'avoir gardé sans tache l'innocence
de son baptème. Au témoignage de Geoffroi, secrétaire et historien de saint Bernard, Dieu opéra
plusieurs miracles à son tombeau. Son corps fut
porté à Rome et enseveli à Saint-Pierre, en face
du maître-autel. Le peuple témoigna, en l'invo-
quant publiquement, l'opinion qu'il avait de ses
vertus héroïques. Un manuscrit du xiie siècle,
écrit par un témoin oculaire, conservé à l'Abbaye
des Dunes et que Chrysostôme Henriquez a trans-
crit dans son livre : *Series sanctorum Ordinis Cis-*

terciensis, portait ce titre : *Incipiunt miracula Domini Eugenii Papæ tertii.* Dom Jean de Lannes, religieux de Fontfroide et Sous-Prieur de Clairvaux, qui a écrit l'histoire de son Pontificat a donné l'analyse de ce manuscrit, d'après lequel cinq paralytiques, un démoniaque et un homme attaqué de fièvres pernicieuses furent parfaitement guéris par l'intercession du saint Pontife.

La lettre que nous donnons ici, par laquelle Hugues, Cardinal-évêque d'Ostie, annonça sa mort à l'Abbé de Citeaux, à saint Bernard et au Chapitre-général de l'Ordre, peut passer pour la première pièce du procès de canonisation [1].

« A nos bien-aimés Pères en Jésus-Christ, les Abbés Goswin de Citeaux et Bernard de Clairvaux, et à tout le Chapitre de Citeaux réuni pour l'honneur divin, Hugues, par la grâce de Dieu évêque d'Ostie, leur souhaite l'unité de l'esprit dans le lien de la paix.

« Ainsi que nous l'enseignent les livres saints, toute chair est fragile, et toute sa gloire est comme la fleur de l'herbe. Les jours de l'homme sont courts, il passe comme l'ombre et ne demeure

---

(1) Avant d'être cardinal, Hugues avait été moine de Clairvaux et Abbé de Trois-Fontaines, au diocèse de Châlons-sur-Marne. Par une de ces méprises qui échappent aux plus érudits, Jongelin a écrit qu'il avait été abbé des Trois-Fontaines, près de Rome.

jamais dans le même état ; il s'évanouit comme la
fumée et tombe comme la feuille que le vent em-
porte. L'ornement de l'Eglise, le Père de la justice,
l'ami et le protecteur de la religion qui, par sa
propre puissance, avait foulé aux pieds et humilié
la tête des superbes, qui était monté sur le trône
de David et avait pris possession de son royaume,
afin de confirmer et de consolider l'Eglise confiée
à ses soins, cette Eglise qu'il avait rendue à son
ancienne gloire, Notre Père, dis-je, notre défenseur, le Pape Eugène, d'heureuse mémoire, délivré
de la prison de son corps, le 8 des ides de juillet,
immaculé dans sa chair, s'est envolé vers le Christ.
Il est allé au devant de Jésus-Christ dans les cieux
où il demeurera éternellement avec le Seigneur,
suivant l'agneau partout où il ira. Contrairement
à l'attente générale, car il avait pour ainsi dire
annihilé le Sénat, contrairement à l'usage, ses
obsèques ont été célébrées avec une telle pompe,
durant deux jours, par le clergé et le peuple, que
vous auriez cru voir régner dans les cieux celui
qui était honoré avec tant d'éclat sur la terre
après sa mort. Oh ! que de larmes versées par tout
le monde ! qu'elles étaient déchirantes surtout les
lamentations des orphelins et des veuves ! Vous
auriez dit déjà avec Dieu celui qui était si vive-
ment regretté par tout le peuple. Sans aucun
doute il a échappé au filet du chasseur. Le filet a
été rompu, et il a recouvré la liberté. Nous croyons,

nous qui avons connu sa conscience, qu'il a été ravi au troisième ciel, ne nous laissant point orphelins, comme quelques-uns le pensent. Il priera pour nous Dieu le Père et son Fils avec le Saint-Esprit, un seul Dieu béni dans tous les siècles, avec lequel il règne pour notre intérêt. Mais vous au milieu desquels il se trouvait, lorsqu'il fut choisi pour s'asseoir au-dessus des Princes et occuper un trône glorieux, priez pour lui, établissez des fondations perpétuelles, afin que Dieu lui soit propice et que sa couronne obtienne un surcroît de gloire. Priez aussi pour notre frère d'heureuse mémoire. Nous sollicitons aussi votre intercession auprès de Dieu pour nous qui demeurons dans cette vallée de larmes, dans cette région de dissension, au milieu d'une nation perverse ; ainsi que pour l'Eglise Romaine qui, d'un si haut degré d'élévation, est, en si peu de temps, tombée jusqu'au fond du gouffre infernal. Nous vous en conjurons instamment, offrez à Dieu vos prières, afin qu'elle ne soit point submergée dans la profondeur de cette vaste mer pleine de reptiles dont le nombre est incalculable. En outre, nous vous prions ardemment, si notre petitesse peut trouver grâce devant vous, d'exaucer avec bénignité et d'une manière favorable les supplications qui vous seront adressées par les porteurs des présentes, en faveur du monastère de *Saint-Anastase,* de celui de *Fosse-Neuve* et de *Casamari.* Si

vous ne le faites, sachez qu'un grand scandale est
à craindre [1].

II. — HENRI MORICOTTI,

Troisième Abbé régulier (1148).

Henri Moricotti se dévoua pendant quatre ans
à faire refleurir aux Trois-Fontaines la régularité
un peu compromise par le découragement de son
prédécesseur Rualénus. Il entrait ainsi dans les
intentions les plus chères d'Eugène III, qui avait
été moine avec lui, et, de plus, était son compa-
triote et son ami. Le pape récompensa son mérite
en l'élevant à la dignité de cardinal, dans la troisième promotion faite par lui, l'an 1150.

Moricotti eut à souffrir dans sa nouvelle dignité bien autrement qu'il n'eût fait en supportant
le climat de la campagne romaine. Des légations
dangereuses lui furent confiées auprès de l'empereur Frédéric, dans lesquelles sa liberté et sa
vie furent exposées. Il parvint à une grande
vieillesse, jouissant auprès des Romains d'une
réputation de courage et de piété bien méritée
par la conduite de toute sa vie. Il mourut à Rome
en 1179, sous le Pontificat d'Alexandre III.

---

[1] Opp. S. Bernardi. Epist. 475.

III. — JACQUES DE PECORARIA,

Septième Abbé régulier (1230).

Jacques de Pecoraria, italien, natif de Plaisance et non de Pavie, comme l'ont écrit certains auteurs, fut le septième abbé du monastère des Trois-Fontaines. Le Souverain Pontife Grégoire IX le créa Cardinal-évêque de Préneste, l'an 1231. Issu d'une bonne famille, il dépassa la noblesse de ses aïeux par sa rare vertu et son insigne piété. Ayant embrassé la vie monastique dans l'Ordre de Cîteaux, sa science et la pureté de sa vie le firent d'abord élire Abbé du monastère des SS. Vincent-et-Anastase, aux Eaux-Salviennes, d'où il fut tiré pour être promu au cardinalat. Deux fois Grégoire IX le nomma son légat en Lombardie, d'abord pour, de concert avec Othon, cardinal Blanco, réconcilier avec Frédéric les Lombards, ennemis de l'empire, et, plus tard, afin de pacifier ces peuples divisés entre eux. Une troisième fois, il alla en légation en Hongrie, chargé par le Souverain Pontife de l'examen des miracles relatifs à la canonisation du bienheureux Luc, archevêque de Strigonie. Légat en Etrurie, il rétablit la paix entre les Florentins et les Siennois. De retour à Rome, il fut établi Cardinal-vicaire. La gravité des mœurs et ses vertus attirèrent l'attention de

Grégoire X qui, jeune encore, rechercha son intimité, et l'entoura, durant sa vie et jusqu'après
sa mort, des marques de la plus profonde vénération. Dans les dernières années de Grégoire IX,
honoré par lui d'une cinquième légation, il fut
envoyé en France et dans tous les royaumes des
Espagnes, afin d'y prêcher la croisade contre les
Albigeois, et convoquer les abbés, les évêques et
les archevêques de toutes ces contrées, au concile
général que le Souverain Pontife avait indiqué
dans la Basilique de Latran, contre Frédéric empereur, excommunié et persécuteur de l'Église.
Retournant en Italie avec un grand nombre de
prélats, il rencontra un autre légat venant d'Angleterre. Tandis qu'ils se rendaient ensemble à
Rome, ils furent vaincus dans un combat naval et
livrés au pouvoir de Frédéric qui les retint captifs
durant deux années, et ne les remit en liberté
que sur les instantes prières du Sacré-Collège.
Pendant leur captivité, le souverain Pontife leur
écrivit des lettres de consolation. Outre les deux
cardinaux, furent aussi prisonniers : un troisième
légat non cardinal, Grégoire de Monte-longo, les
archevêques de Rouen, de Bordeaux et de Besançon, les évêques de Carcassonne, d'Agde, de
Nîmes, de Tortone, d'Asti, de Pavie et plusieurs
autres. On rapporte que l'empereur Frédéric, re-
mettant Jacques en liberté, le combla de présents,
le priant de vouloir bien prendre sa cause en

main et de persévérer dans son amitié ; à quoi le cardinal répondit qu'il acceptait volontiers, pourvu qu'il persistât dans l'unité de l'Église, autrement il l'aurait pour adversaire comme par le passé.

Le pape Innocent IV, n'ayant pu accepter les conditions de paix proposées par l'Empereur, et, pour ce motif, abandonnant l'Italie, s'embarqua pour la France, laissant Jacques comme son Vicaire auprès des Romains. Celui-ci, le jour de la fête des Saints apôtres Pierre et Paul, après avoir officié dans la Basilique Vaticane, prêcha avec autant d'éloquence que de solidité ; mais il ne survécut pas longtemps. Il mourut à Rome le 26 juin de cette même année 1244 ou 1245, selon quelques auteurs, et fut enseveli au Vatican.

Il fonda de son vivant le monastère des religieuses de Saint-Pierre-Paliani, dans le diocèse de Plaisance. Presque tous les historiens de cette époque font mention de lui : l'auteur des chroniques d'Angleterre, Bernard Corius, F. Ptolémée, Jean Vilanus, saint Antonin, Pandulphe de Cologne, le livre du Vatican des affaires de Sicile, l'auteur incertain de la vie de Grégoire IX, et autres encore.

Etienne de Trente, appliquant à notre cardinal Jacques ce qui est dit de Jean, archevêque d'Upsal, l'appelle *pudique dans l'âme*, et c'est à juste titre, puisque la pureté a son siège dans l'âme. Sa chasteté ne fut pas seulement intérieure, elle se manifesta aussi à l'extérieur et, surtout, dans la modestie de ses regards.

IV. — Dom Raynier CAPOCCI,

Moine des Trois-Fontaines en 1210.

Raynier Capocci, italien, né à Viterbe, fut d'abord moine de l'Abbaye de *St-Anastase-des-Trois-Fontaines*. En l'année 1212, le pape Innocent III le créa Cardinal-diacre de Ste-Marie *in Cosmedin*. Plus tard, Grégoire IX l'ayant nommé légat des troupes ecclésiastiques, il soumit la ville de Monte-Fiascone qui s'était révoltée, et réduisit à l'obéissance la Toscane et la Sabine. Il ne fit aucun mal aux Romains que l'Empereur entretenait dans la révolte ; mais, peu après, il les réconcilia avec le Souverain Pontife. Sous Honorius III, nommé légat d'Etrurie, il enleva à l'Empereur la ville de Viterbe qu'il rendit à l'Eglise romaine, et l'entoura de fortifications. Envoyé, comme légat du concile de Lyon, en Italie, avec Etienne, Cardinal du titre de St-Calixte, contre l'empereur Frédéric qui venait d'être déposé, il promulgua publiquement partout la sentence d'excommunication contre ce prince.

Uni d'une étroite intimité avec saint Dominique, il se montra le défenseur intrépide et le propagateur zélé de son ordre. Divinement averti pendant la nuit, il entreprit la construction, hors de Rome, de l'Eglise de *Sainte-Marie-ad-Gradus*. La mort le prévint avant qu'elle fût achevée ; mais on la termina après lui. Elle fut consacrée par Alexandre IV, en l'année 1258. D'après ses ordres, l'église et le monastère furent cédés à saint Dominique. Créé gouverneur du patrimoine. de l'Etrurie, il mourut à Viterbe, le 6 des calendes de juin ; son corps fut transporté dans l'église des Frères-Prêcheurs de *Sainte-Marie-ad-Gradus,* et déposé dans une chapelle à gauche du maître-autel, avec l'inscription suivante :

RAYNERIO CAPOCCIO
TITULO S. MARIÆ IN COSMEDIN
DIACONO CARDINALI,
ÆDIS HUJUS COELITUS
DEMONSTRATÆ RELIGIOSISSIMO
FUNDATORI, FAMILIÆQUE
PROEDICATORUM PIISSIMO
LARGITORI, FRATRES
AD BENEFICII MEMORIAM SEMPITERNAM
AMPLISSIMO BENEFACTORI
MERITO ANTE DIGNIOREM ARAM
CONDITO NUNCUPARUNT (1).

---

(1) A Raynier Capocci, cardinal-diacre du titre de Sainte-Marie-in-Cosmedin, fondateur très-religieux de ce temple élevé d'après l'inspiration divine, insigne bienfaiteur de la famille des Prêcheurs, les Frères, pour perpétuer la mémoire de sa libéralité, ont dédié ce monument érigé près le grand-autel au mérite de leur bienfaiteur. — Il serait peut-être facile de démontrer que le Cardinal Raynier Capocci est ce cinquième Abbé régulier des Trois-Fontaines dont a parlé St-Antonin et dont le nom est omis dans la liste des Abbés. Les dates connues sur le quatrième et le sixième semblent confirmer cette opinion. (Voir page 30).

V. — Dom Augustin GHETTINI,

Prieur conventuel du Monastère des Trois-Fontaines,
en 1557.

Dans la vie de saint Philippe de Néri, écrite par Antoine Galloni, prêtre de l'oratoire de Rome, on lit du vénérable Dom Augustin Ghettini, florentin, prieur des Trois-Fontaines :

« Saint Philippe, ayant résolu de passer dans les Indes pour y prêcher la foi, songea d'abord à recommander à Dieu cette affaire par de ferventes prières. Pendant qu'il était tout entier à ce soin, Dieu lui inspira la pensée de consulter un religieux de la famille de saint Bernard, renommé par sa sainteté, l'assurant que, par l'intervention de ses prières, il lui ferait connaître sa volonté. Saint Philippe obéit à cette inspiration. Ce religieux était prieur des moines cisterciens du monastère des Saints-Vincent-et-Anastase, aux Eaux-Salviennes. Il était né de parents recommandables par la sainteté de leur vie, qui, parmi les pratiques les plus dignes de personnes chrétiennes, gardèrent toujours celle de ne jamais s'acquitter des devoirs du mariage, d'après les lois très-saintes de ce sacrement, sans s'être, deux jours à l'avance, confessés de leurs péchés et nourris de la Sainte-Eucharistie : après quoi ils priaient Dieu avec ins-

7

tance de leur accorder un fils qui méritât d'être
inscrit au nombre de ses serviteurs. Leur mort fut
si sainte que personne ne douta qu'ils ne se fussent
ouvert l'entrée du Paradis. Leurs fils et leurs filles
ne se distinguèrent pas moins par leur piété, et tous
vécurent et moururent saintement. Philippe con-
sulta donc le vénérable serviteur de Dieu. Dom
Augustin Ghettini, instruit de son dessein, lui
demanda quelque temps, ayant besoin, disait-il,
de consulter Dieu dans la prière. Son oraison terminée, il répondit à Philippe que Dieu l'appelait
à Rome, et non aux Indes ; ses Indes à lui, c'est
Rome. L'évangéliste saint Jean lui est apparu et
lui a dit que la volonté de Dieu est qu'il reste à
Rome pour travailler à sa vigne, et qu'il s'y créera
un grand nombre d'enfants, parce que c'est là
que Dieu a résolu de se servir de lui et de plusieurs autres, pour le salut d'une multitude
d'âmes. Il lui rapporta, en outre, qu'il avait vu
les eaux de toutes les fontaines prendre la couleur du sang ; ce qui annonçait ouvertement une
grande tempête que l'apôtre lui avait fait connaître devoir s'élever sur la ville. Il raconta à
Philippe toute la suite de sa vision. A ce récit,
Philippe se montrant prêt à tout ce que deman-
derait de lui le Seigneur, se conforma à l'avis du
serviteur de Dieu. Personne n'ignore avec quelle
ardeur il travailla au salut des âmes et avec quels
fruits.

VI. Nous ne pouvons omettre dans la série des hommes qui ont illustré les Trois-Fontaines, dom Ferdinand Ughelli, deuxième abbé régulier, de 1638 à 1670, depuis que le monastère fut uni à la Congrégation de Saint-Bernard. Quelques détails sur la vie, le caractère et les œuvres de ce grand et pieux abbé compléteront heureusement le peu que nous en avons dit au chapitre VI, page 46.

Ughelli naquit à Florence, le 21 Mars 1694, de parents nobles et chrétiens qui l'élevèrent à la fois dans la piété et l'amour des belles-lettres. Entré de bonne heure dans l'ordre de Cîteaux, il se montra dès ses débuts fidèle observateur de la discipline remise en vigueur par la Congrégation d'Italie. Déjà passionné pour l'étude, il fouillait un jour parmi de vieux manuscrits longtemps oubliés et que l'on croyait perdus, lorsque sa main rencontra une somme d'or assez considérable qu'il s'empresse de porter à son abbé. La manière dont elle avait été trouvée en indiquait naturellement l'emploi. Elle fut consacrée à la fondation de cette célèbre bibliothèque du monastère de Saint-Sauveur, qu'Ughelli enrichit lui-même plus tard, à ses propres frais, d'un nombre considérable de volumes choisis. Ayant achevé ses études à Rome, où il suivit les leçons de François Piccolomini, de la Société de Jésus, qui devint général de son Ordre, et de Jean de Lugo,

qui fut ensuite cardinal, il habita successivement
plusieurs monastères et y remplit diverses charges,
sans que les occupations qu'elles lui imposaient
pussent le détourner de ses chères études. Ce fut
en recherchant dans les archives et les vieux monuments de son Ordre les hommes remarquables
qui avaient été appelés des cloîtres cisterciens au
gouvernement des diverses églises, qu'il conçut
l'idée de son grand ouvrage, l'*Italia Sacra*. De
retour à Rome, le conseil suprême de l'ordre le
nomma Abbé des Trois-Fontaines, sans doute à la
recommandation du Pape Urbain VIII qui l'avait
en grande estime et l'avait déclaré digne des plus
hautes dignités de l'ordre.

Son érudition dans l'histoire ecclésiastique lui
valut l'honneur d'être choisi avec André Victorelli
pour enrichir de notes les *Vies des Papes et des
Cardinaux* de Ciaconius, et continuer l'ouvrage
jusqu'à son époque. Depuis il ne s'occupa plus
que de son *Italia Sacra,* et malgré les nombreuses
charges qu'il exerça, malgré ses emplois de théo-
logien ordinaire du cardinal Charles de Médicis,
de consulteur de la Congrégation de l'Index et de
censeur des religieux de Saint-Basile, sans se
laisser arrêter par les persécutions et les calomnies
des adversaires acharnés de son œuvre, il sut la
mener à bon terme, et la dédia au Pape Urbain VIII
qui, mort peu après, n'eut pas le temps de l'en
récompenser.

Plus d'une fois élu Président-général de sa
Congrégation, dont il avait en diverses circonstances présidé les Comices, il refusa toujours, sa-
tisfait, disait-il, de son titre d'Abbé romain des
Trois-Fontaines et de Procureur-général de sa
Province, fonction qui lui fut confirmée jusqu'à
la mort par lettres pontificales. Il ne voulut pas
davantage accepter l'épiscopat que lui offrirent
successivement Alexandre VII et Clément IX,
alléguant pour prétexte de son refus la vieillesse
et les infirmités. Mais le premier de ces Pontifes
voulut le garder auprès de sa personne, en qualité
de Prélat domestique, et le second le gratifia
d'une pension de cinq-cents écus d'or.

Atteint enfin d'une tumeur à l'estomac, par
suite de son assiduité au travail, muni plusieurs
fois déjà des sacrements de l'Eglise, ce fut hors
de son lit, assis sur une chaise, revêtu de la coule
monastique, en pleine possession de son intelligence que, se recommandant à la divine Miséricorde, au milieu de ses moines en pleurs, il
rendit son âme à Dieu, au moment même où le
prêtre, récitant à ses côtés la Passion de Notre-
Seigneur selon saint Jean, prononçait ces paroles :
Et inclinato capite, tradidit Spiritum.

Cette mort fut un deuil général pour toute
l'Italie. Ses obsèques furent célébrées solennellement aux frais du Cardinal François Barberini,
et plusieurs princes de l'Eglise, entre autres le

Cardinal Charles Rosseti, évêque de Faënza, firent célébrer un service à son intention dans leur cathédrale.

Terminons ces trop courts souvenirs d'une vie si bien remplie par le portrait physique et moral qu'a tracé de ce grand homme l'un de ses plus chers disciples, l'Abbé Dom Jules-Ambroise Lucenti.

« Il était, écrit-il, d'une taille assez élevée et bien proportionnée, légèrement obèse, d'un tempérament robuste. Beau de visage, d'un teint très-blanc relevé d'un doux incarnat ; un peu chauve, la barbe entièrement rasée, il avait le front vaste, le nez inclinant sur les lèvres, les yeux perçants : dans la nourriture, le vêtement, le port et la démarche, il se montra toujours rigide observateur de l'austérité monastique. Il brilla par la rectitude du jugement et de l'esprit, et garda toujours présent le souvenir de tout ce qu'il avait lu ou écrit. Etranger à tout désir de gloire, il déclina par un rare exemple d'humilité tous les honneurs qui lui furent offerts. Il me citait souvent, en manière d'agréable plaisanterie, ce vers d'un poëte :

« Disce, Puer, virtutem ex me, verumque laborem,
« Fortunam ex aliis (1), »

et m'exhortait sérieusement à faire toutes choses

---

(1) « Mon fils, apprends de moi la vertu, le travail sincère,
« Que d'autres t'enseignent l'art de la fortune.

uniquement pour la gloire de Dieu. Aussi modeste dans la prospérité que fort contre l'adversité, il se distingua surtout par son affabilité et sa douceur. Accoutumé à un commerce intime avec les personnages les plus illustres, il ne méprisa jamais les personnes d'un rang inférieur. Implacable ennemi des vices en sa personne, il s'étudiait avec amour à les guérir chez les autres et les traitait avec la plus miséricordieuse compassion. Rempli des plus bas sentiments de lui-même, il se disait et se tenait réellement pour le plus vil des hommes. Ses œuvres sont louées et estimées des savants, et la Sacrée-Rote, en le plaçant au rang des classiques, a déclaré que ses écrits faisaient autorité [1].

Enfin nous aurions à mentionner les commendataires presque tous Cardinaux, depuis l'an 1449, à deux ou trois exceptions près. Nous nous bornerons à nommer ceux qui furent élevés à la papauté et les Cardinaux-neveux. C'est le privilège, peut-être unique dans l'histoire, appartenant à cette illustre Abbaye, d'avoir été aimée des Pontifes romains, de telle sorte qu'ils l'ont presque toujours donnée à un de leurs parents. Si ce n'est pas pour ce monastère un mérite personnel dont il puisse se flatter, c'est au moins un honneur

---

(1) [Lettre de Dom Jules-Ambroise Lucenti au Cardinal Charles de Médicis, écrite le jour même de la mort de Ferdinand Ughelli. (*Italia sacra*, T. I. édit. de Venise 1747).

qu'il lui est permis de classer au nombre de ses gloires. Nous ne partageons pas sur le népotisme des papes l'opinion trop généralement répandue par les historiens ennemis de l'Eglise.

Dans tout le moyen-âge, le népotisme était un acte de bonne politique et une nécessité sociale. L'homme le plus humble par sa naissance, élevé par le suffrage des cardinaux à la dignité pontificale, devenant roi par le fait, était obligé d'élever sa famille au rang des princes. On a remarqué seulement que les papes tirés de la vie religieuse, par respect pour leur première profession, laissaient leur famille dans l'obscurité. Pour tous les autres, c'était une nécessité et un devoir.

Mais quand la société eût changé de face par la révolution, le népotisme cessa de droit et de fait. Pie VI, sous lequel cette révolution s'opéra, est le dernier pape du népotisme. Après lui, Pie VII et Grégoire XVI, parce qu'ils étaient moines, Léon XII et Pie VIII, parce qu'ils vivaient dans le nouveau régime, n'ont songé qu'aux intérêts de l'Eglise qui leur étaient confiés, et ont oublié leur famille.

Pour ce qui est de Pie IX, un des traits qui illuminent sa grande figure est son parfait détachement de l'amour trop naturel des siens. Ses ennemis n'auront pas même, contre sa mémoire, cette accusation qui a tant servi autrefois, malgré son injustice.

CARDINAUX COMMENDATAIRES
DEVENUS PAPES.

Jules, cardinal de MEDICIS, Abbé commendataire des Trois-Fontaines, en 1518, l'était encore lorsqu'il fut élu pape, sous le nom de Clément VII, en 1523.

Hippolyte, cardinal ALDOBRANDINI, Abbé commendataire en 1588, devenu pape sous le nom de Clément VIII, en 1592.

Les Abbés commendataires, Cardinaux-neveux sont :

Raphaël, cardinal RIERIO, neveu de Sixte IV.
Hippolyte, cardinal de MEDICIS, neveu de Léon X.
Alexandre, cardinal FARNÈSE, neveu de Paul III.
Pierre, cardinal ALDOBRANDINI, neveu de Clément VIII.
Louis, cardinal LUDOVISIO, neveu de Grégoire XV.
Antoine, cardinal BARBERINI, neveu d'Urbain VIII.

Si la liste des abbés commendataires était complète, nous aurions, sans doute, à enregistrer plus souvent cette particularité remarquable. Nous pouvons observer, en finissant, que Pie IX, fidèle conservateur des coutumes de ses prédécesseurs, a donné deux fois les Trois-Fontaines à un membre de sa famille. Le cardinal Ferretti, son cousin, et Son Eminence le cardinal Milesi-Ferretti, son proche parent, ont possédé cette Abbaye.

Il n'y a qu'une différence, toute en faveur des abbés modernes ; autrefois les Trois-Fontaines étaient un riche bénéfice, apportant à un Cardinal-neveu encore plus de revenus que d'honneur : aujourd'hui l'honneur est resté, mais les révolutions ont simplifié les revenus.

Depuis la première édition de cette notice, deux cardinaux abbés-commendataires se sont succédés aux Trois-Fontaines.

Son Eminence le cardinal Annibal CAPALTI, nommé après la mort du cardinal MILESI-FERRETTI, et après lui,

Son Eminence le cardinal OREGLIA de Santo Stefano, ancien Nonce du Portugal et Préfet de la Congrégation des Indulgences, Abbé-commendataire actuel, depuis 1877.

PIÈCES JUSTIFICATIVES

NUMÉRO 1.

Diplôme de Charlemagne et de Léon III en faveur du Monastère des Trois-Fontaines (805). — Ughelli, *Italia sacra,* t. I, p. 50.

In nomine Domini Dei Salvatoris nostri Christi. Leo episcopus, servus servorum Dei, et Carolus Magnus et Pius rex, hac die, nullo prohibente, nec contradicente, sed propria nostra voluntate concedimus, tradimus, et per paginam ceream exauratam in perpetuum donamus tibi, beate martyr Christi Anastasi, ut pro te, tuoque monasterio, quod est positum ad Aquam Salviam, id est, totam, et integram civitatem, quæ ab omnibus vocatur Ansidonia insimul cum portu qui vocatur Bænilia, item et portum, qui dicitur Herculi, necnon, et montem totum, qui vocatur Gilium, infra mare milliaria centum, et montem qui vocatur Jannuti, et totum montem qui vocatur Argentarium insimul cum mare juxta se habentem milliaria centum infra pelagus, qui est infra ejus aqua. Præfatum montem, qui vocatur Gilium et Jannuti ; item, et castrum, quod vocatur Orbitello, cum stagnio, et piscaria juxta se, et cum suo saline, vel cum omnibus suis pertinentiis. Item, et Maxiliano, cum omnibus suis pertinentiis, similiter, et montem, qui vocatur Euti, cum omnibus suis pertinentiis, qui est inter affines

ad totam civitatem præfatam. A primo latere est mare magnum, et infra vero aquas maris, quæ sunt milliaria centum,
et montem Gilio, et montem, qui vocatur Jannuti, quæ sunt
juris præfati vestri monasterii, et a secundo latere est fluvius, qui vocatur Alvenia, et a tertio vero latere pergit aqua,
quæ dicitur Elza, et deinde pergit usque ad locum, qui vocatur Serpena, et a quarto latere sicuti evenit per Serpena,
et pergit per pedem montis Arsitii, et vadit per piscia, et
venit in Buranum, et sicuti evenit per Buranum, et revertitur usque ad præfatum mare magnum, omnia in jam dicti
vestri sancti monasterii juris concedimus, et irrevocabiliter
tradimus, qui sunt montibus, collibus, plagis et planitiis
suis, pratis, pascuis, silvis, pantanis, puteis, fontibus, rivis
aquæ plenis, et parietinis actiguis, et vineis, vel cum omni
sua utilitate, et usu, vel pertinentiis, et insuper concedimus
tibi præfate martyr Christi, Anastaxi, tuisque successoribus
in perpetuum omnes ecclesias, quas infra comitatum et
assignationem hujus territorii sunt, vel usque in finem
mundi erunt; uti exinde faciatis quodcumque volueritis
vos, et servitores vestri in perpetuum ponendo rectores,
dejiciendo, pro meritis eos clericos mittere, et ad vestram
utilitatem omni tempore tenere, et nullus alius, nisi solus
Summus Pontifex, et in præfatis ecclesiis interdictum po-
nere, vel aliquem clericum excommunicare, nisi rector jam
dictæ ecclesiæ sancti Anastaxi possit, et nulli licitum sit
infra terminos construere, vel ædificare nisi pro voluntate
abbatis sancti Anastaxi, consecrationes altarium, chrisma,
ordinationes de clericis vestris petatis ab episcopo diœce-
sano, si gratis, et absque ulla calomnia dare voluerit, si
non, potestatem habeant ire ad quemcumque voluerint
episcopum tamen catholicum pro eo, quia Dominus noster
Jesus Christus per angelum suum in visione nobis videre

fecit ut caput prædicti martyris ad ejus pugnam, quam nos ad præfatam civitatem habebamus cum Dei laudibus adveniret; nostris vero inimicis dicebat, ut vincebamus, et nos ita talia fecimus, et nunc auxiliante Deo, et isto præfato martyre adveniente ejus capite terræ motus venit super inimicis nostris, et tremor apprehendit eos, et parietes irruerunt, inimici vero nostri in nostris manibus devenerunt, et omnes interfecti fuerunt. Idcirco, ut dictum est, tradimus, concedimus, et in præfato monasterio sancti Anastaxi perpetuo largimur, ut de præsenti die habeant tui servitores potestatem in præfatis omnibus ad utilitatem sancti Anastaxi introeundi, utendi, tenendi, fruendi, et usque in sæculum sæculi possidendi, quatenus per te, gloriose martyr, mereamur nos audire illam vocem, quam Dominus dixit in Evangelio : *Euge, serve bone, et fidelis, etc., supra multa te constituam; intra in gaudium Domini Dei tui.* De qua Dei promissione multum confidimus nos, et omnes sperantes in te. Et si quis nos vel alius qualiscumque homo, tam presbyteri, quam laici præfata omnia, quæ dicta sunt, ab eodem monasterio subtrahere, vel alienare voluerit, non valeat, sed ex parte omnipotentis Dei, et beatæ Mariæ semper virginis, ac beatorum apostolorum Petri et Pauli, et istius præfati martyris excommunicatus, maledictus, anathematizatus maneat in perpetuum, et cum Anna, Caipha, et Herode, atque Pilato, et Juda Scariote traditore Domini nostri Jesu Christi particeps efficiatur, et a limitibus universarum ecclesiarum extraneus existat hic, et in perpetuum ; observantibus sit pax Domini nostri Jesu Christi, amen. Ego Carolus Imperator augustus, auctoritate omnipotentis Dei, et nostri imperii decretum decernimus, ut nullius personæ hominum sit facultas præfata omnia quovis modo ingenii præfato monasterio sancti Anastaxi auferre, vel ablata retinere, aut aliquam molestiam irrogare, nisi de perpetrata iniquitate congrua satisfactione infra XV dies, emendaverit, componat pro pœna Romano imperio quinquaginta lib. auri purissimi.

Actum est hoc, et traditum anno Dominicæ incarnationis octingentesimo quinto, indictione decima, et domini Leonis Summi Papæ III anno decimo, et domini Caroli imperatoris anno quinto.

Ego Leo episcopus Romanæ ecclesiæ subscripsi.
Ego Carolus imperator augustus subscripsi.
Ego Petrus episcopus Ostiensis subscripsi.
Ego Guillelmus sanctæ Sabinæ card. subscripsi.
Issæ episc. Abien. (Al. Sabinen.) subscripsi.
Robertus Aquisgranis subscripsi.
Et ego Hugo dux Luxoviensis (Al. Lugdu.) subscripsi.
Anastasius scriniarius S. R. E. de mandato domini Leonis Papæ tertii, et domini Caroli Magni et pii regis hanc paginam æream exauratam complevi, et absolvi.

En transcrivant ce diplôme, il nous a semblé qu'il valait bien la peine d'être traduit.

Au nom du Seigneur Dieu notre Sauveur et Christ, Léon, évêque, serviteur des serviteurs de Dieu et Charles, le grand et pieux roi. Aujourd'hui, sans empêchement et contradiction de personne, mais par notre propre volonté, nous accordons, livrons et par cette présente page d'airain doré donnons à perpétuité à vous, Bienheureux Anastase, martyr de Jésus-Christ, afin qu'ils servent à vous et à votre monastère situé aux Eaux-Salviennes, ce qui suit : la cité toute entière appelée par tout le monde Ansidonia et en

même temps le port qui est nommé Bænilia, et aussi le port
appelé d'Hercule, et aussi toute la montagne appelée Gilio
à cent milles de la mer, et la montagne appelée Jannuti,
et tout le mont Argentario, avec la mer qui le touche ayant
une étendue de cent milles dans la contenance de ses eaux.
Ladite montagne de Gilio, Jannuti, et le bourg nommé Orbitello avec son étang, la pêcherie qui est à côté, la saline
et toutes les dépendances. De même le bourg de Massiliano
et ses dépendances, et la montagne appelée Euti, avec ses
appartenances, situées tout autour de la ville susnommée ;
d'un premier côté est la grande mer et, en deçà, les eaux
de cette mer qui occupent un espace de cent milles, le mont
Gilio et le mont Jannuti qui sont dans les possessions du
monastère susnommé ; du second côté est le fleuve qu'on
nomme Alvenia ; et du troisième coule le ruisseau nommé
Elza, lequel se continue jusqu'au lieu appelé Serpena, et
arrivant ainsi par Serpena, il se dirige du quatrième côté
par le pied du mont Arsitium, s'en va par la pêcherie et
arrive à Buranum, d'où il retourne à la grande mer susnommée. Toutes ces possessions, nous les concédons et
livrons irrévocablement en propriété à votre dit monastère,
quelle que soit leur nature, montagnes, collines, plages,
plaines, prés, pâturages, forêts, étangs, puits, fontaines,
ruisseaux pleins d'eau, les ruines adjacentes et vignes, avec
tout droit utile, usages et dépendances. En outre, nous
accordons à vous, martyr du Christ, Anastase, et à vos successeurs à perpétuité toutes les églises qui sont dans l'en-
ceinte et les limites du territoire, ou qui y seront jusqu'à la
fin du monde, afin que vous en usiez comme vous le voudrez, vous et vos serviteurs, jusqu'à la fin des temps : y
plaçant des recteurs ou les déposant, selon qu'ils l'auront
mérité, y envoyant des clercs et les retenant autant que

vous le jugerez utile. Et que personne, excepté le Souverain
Pontife, ne puisse lancer l'interdit sur ces églises, ou ex-
communier l'un des clercs, si ce n'est le recteur de la susdite
Eglise de saint Anastase ; et qu'il ne soit permis à personne
de construire ou bâtir sur ce territoire, à moins que l'abbé
de saint Anastase ne le veuille. La consécration des autels,
le Saint-Chrême, l'ordination de vos clercs, vous les de-
manderez à l'évêque diocésain qui vous les accordera gra-
tuitement et sans contestation : sinon les moines auront le
pouvoir d'aller trouver pour cet effet un évêque quelconque,
pourvu qu'il soit catholique.

Parce que Notre Seigneur Jésus-Christ, par le ministère
de son ange nous a fait voir dans une vision que la tête du
dit martyr arrivait, avec la permission de Dieu, pour nous
aider dans le combat que nous livrions près de la ville susdite. Elle disait à nos ennemis que nous avions la victoire,
et en effet nous l'avons remportée. Alors, par la protection
de Dieu et le secours du martyr susdit, dont la tête nous
apparaissait, un tremblement de terre s'est fait sentir du
côté de nos ennemis ; la frayeur les a saisis, les murailles
ont croulé, nos ennemis sont tombés dans nos mains, et
nous les avons taillés en pièces jusqu'au dernier. C'est
pourquoi, comme nous l'avons dit, nous livrons, concédons
et donnons à perpétuité au monastère de Saint-Anastase,
afin qu'à partir du jour présent, vos serviteurs aient tout
pouvoir sur les biens ci-dessus mentionnés pour l'utilité
de Saint-Anastase, qu'ils puissent y entrer, en user, l'occuper, en jouir et le posséder pendant les siècles des siècles,
afin que par vous, ô glorieux martyr, nous méritions d'en-
tendre cette parole que le Seigneur a dite dans l'Evangile :
« *Courage, serviteur bon et fidèle, je vous établirai sur*
beaucoup de choses, entrez dans la joie du Seigneur votre
Dieu. »

Cette promesse de Dieu, nous y comptons beaucoup, nous et tous ceux qui espèrent en vous. Et si quelqu'un, nous ou toute autre personne, prêtre ou laïque, voulait enlever ou aliéner les biens que nous avons énumérés plus haut dudit monastère, qu'ils ne le puisse pas, mais de la part du Dieu tout puissant, de la bienheureuse Marie toujours vierge, des bienheureux apôtres Pierre et Paul et de ce martyr susnommé, qu'il demeure excommunié, maudit et anathématisé à perpétuité, et qu'il ait sa part avec Anne, Caïphe, Hérode, Pilate et Judas Iscariote qui a livré Notre Seigneur Jésus-Christ; qu'il soit chassé des limites de toutes les églises maintenant et toujours. A tous ceux qui observeront ce décret, que la paix de notre Seigneur Jésus-Christ soit avec eux. Amen.

Nous, Charles, empereur Auguste, par l'autorité de Dieu tout puissant et celle de notre empire, nous décrétons que personne au monde n'ait la faculté d'enlever les biens susdits, sous quelque prétexte ou de quelque manière que ce soit, audit monastère de Saint-Anastase, de les retenir après les avoir enlevés, ou de le molester, sous peine, s'il ne s'amende et ne fait dans l'espace de quinze jours satisfaction proportionnée à l'injustice commise, de payer à l'empire romain cinquante livres d'or très-pur.

Fait et donné l'an de l'incarnation huit cent cinq, indiction deuxième, dixième année du Seigneur Pape Léon III et la cinquième du Seigneur Charles empereur.

Moi, Léon, évêque de Rome, j'ai souscrit.
Moi, Charles, empereur auguste, j'ai souscrit.
Moi, Pierre, évêque d'Ostie, j'ai souscrit.
Moi, Guillaume, cardinal de Sainte-Sabine, j'ai souscrit.
Issa, évêque de Sabine, j'ai souscrit.

Robert, d'Aix-la-Chapelle, j'ai souscrit, etc.

Et moi, Hugues, duc de Luxovium, (al. de Lugdu), j'ai souscrit.

Anastase, scriniaire de la Sainte Eglise Romaine, par ordre du Seigneur Pape Léon III, et du Seigneur Charles, grand et pieux roi, j'ai rempli cette page d'airain doré et l'ai terminée.

Numéro 2.

Confirmation des propriétés du monastère des Trois-Fontaines par le Pape ALEXANDRE IV (1255).

ALEXANDER, Episcopus

Servus Servorum Dei.

Dilectis Filiis Abbati Monasterii S. Anastasii de Aqua Salvia, ejusque fratribus, tam præsentibus, quam futuris, regularem vitam professis, in perpetuum religiosam vitam eligentibus.

Congrua nos oportet consideratione prospicere, ut quisquis necessitatis occasio aut fides faciat, aut robur (quod absit) sacræ conversationis infringat. Ea propter, Dilecti Filii in domino, vestris postulationibus clementer annuimus, et Monasterium S. Anastasii de Aqua Salvia, in quo Divino estis obsequio mancipati, ad exemplar S. Recordationis Anastasii, Hadriani, Alexandri, Lucii, Cælestini et Innocentii III, Prædecessorum Nostrorum romanorum Pontificum, sub B. Petri, et Nostra protectione suscipimus,

et præsentis scripti privilegio communimus. Imprimis siquidem statuimus, et Apostolica auctoritate confirmamus,
ut sicut prædictus Anastasius PrædecessorNoster, pro magna
et evidenti necessitate disposuisse dignoscitur, et Cister-
ciense Capitulum exequendum Romanæ Ecclesiæ provisioni
commisit Monasterium B. Anastasii martyris, quod apud
Salvias positum est, et perpetuis temporibus caput Abbatiæ
vestræ consistat, ut illuc in hyeme, propter intemperiem
autem aëris in loco, qui dicitur *Nemo,* æstivo tempore com-
moremini. Præterea quascumque possessiones, quæcumque
bona idem Monasterium B. Anastasii usquæ ad hæc tempora justa possidet, aut in futurum rationabilibus modis
præstante Domino poterit adipisci, firma vobis, vestrisque
successoribus, et illibata permaneant. In quibus hæc propriis duximus vocabulis exprimenda, ipsum videlicet Monasterium S. Anastasii, Ecclesiam S. Joannis Baptistæ,
Ecclesiam S. Mariæ, sitas juxta idem Monasterium, cum
omnibus possessionibus circa se positis, omnesque possessiones, tam in Ecclesiis, quam in castris, vineis, vel terris
sitas infra Romanæ Urbis muros, quas memorata Ecclesia
usque modo tenuit; Monumentum Caprilianun cum omnibus pertinentiis suis, terris, vineis, pratis, hortis, quæ per
publica instrumenta notantur ; Casale de *Vallerano* cum
omnibus possessionibus, et pertinentiis suis, quemadmodum per instrumenta vestra notantur; Ecclesiam *S. Mariæ
de Fulano* in quatuor Urcam (1), et dimidiam, et unum
Assagium, et dimidium salinis fundi Furani, tam de terris,
quam sylvis; Casale de Monte Jani cum omnibus pertinentiis suis, sicut per publica instrumenta notantur ; Terram,
quæ appellatur *Duo Foca,* et unam pedicam terræ, et di-

---

(1) Legendum videtur *Uncia.* V. Ducange, in verb. *Urca.*

midiam de Anserano, unum filum salinæ in pedica S. Au-
reæ, et tres filos salinæ in pedica ultra Tiberim; Castrum,
quod dicitur *Nemo;* Ecclesiam *S. Mariæ, S. Angeli, S.
Januarii* et *S. Nicolai* in Valle Lanæ, et stipis ejusdem
cum aliis omnibus suis pertinentiis; Turrim quoque novam
quæ est supra lacum in loco qui dicitur *Cisterinde,* cum
ipso loco, et omnibus suis pertinentiis, fundum *Censam,*
fundum *Perani* et fundum *Marsi,* sicut per publica instrumenta notantur; Terram de *Corpeno,* terram de *Grifi* quæ
vobis restituta est, et aliam sicut per publica instrumenta
notantur; quidquid supra dicta Ecclesia B. Anastasii in
Albanen., Veletranen., atque territorio de Aricia possidere
dignoscitur; Castrum etiam *Pusani* cum Ecclesia *S. Quirici,*
et omnibus pertinentiis ejusdem castri; Castrum *Cavingiani*
cum ecclesia *S. Mariæ de Roticelli,* et omnibus pertinentiis
suis ejusdem castri; Ecclesiam *S. Mariæ,* locumque qui
S. Donatus dicitur, quemadmodum in subscriptis terminis
continetur; quem dictus Eugenius Prædecessor Noster in-
tuitu pietatis vobis tradidit, donavit, prædictorum Prædecessorum Nostrorum Anastasii, Hadriani, Alexandri, Lucii,
et Cœlestini vestigiis inhærentes, auctoritate Apostolicæ Sedis nihilominus confirmamus, et donationem ipsam ratam et
gratam futuris temporibus manere decernimus. — De primo
latere ipsius hoc est, Ecclesia *S. Mariæ de Pareti,* et Rivus
de *Vite Folliani,* et *foce* ejusdem folliani; A secundo latere
est littus maris, et triginta milliaria infra mare, et lacus
qui dicitur *Caprilatus;* A tertio latere Rivus *de Costa,* et
vadit per pedem de *Campo-Merulo,* et vadit in Castellio-
nem; A quarto latere, prædictum *Castellio,* et vadit per
caput de *Piscina sicca,* et revertitur in prædictum Pareti,
qui est primus terminus jam dicti loci S. Donati.

Piscationes de *Faneti Tanaci faccebeda, Bucca de Rivo*

Tegicoso et transverso cum piscatione, omnium aliarum fossarum circum adjacentium, vobis præsentibus, scripti pagina confirmamus, statuentes, ut infra præscriptos terminos, sicut a Prædecessoribus Nostris vobis concessa sunt, secundum concessionem eamdem favoris nostri affectionem firmamus, et ratum manere censemus. Pro hac siquidem donatione a Sede Apostolica vobis facta, concessione, vobis, vestrisque successoribus, damus singulis unum aureum persolventes. Præterea omnes possessiones Thusciæ, quas felicis recordationis Leo Papa III, Prædecessor Noster, gloriosæ memoriæ, Carolus Imperator donavit Ecclesiæ vestræ, et summa devotione certis finibus terminatis, privilegiis sua auctoritate firmavit, videlicet civitatem Ansedoniæ cum omnibus Ecclesiis, et pertinentiis suis, olim ab infidelibus et iniquis hominibus possessis, sed præterea a memorato Carolo Imperatore una cum præfato Leone prædecessore Nostro, meritis et auxiliis B. Anastasii martyris, ejusdem capitis ostensione devictam, et destructam, propter quam victoriam Ecclesiæ supradicti martyris præfatas possessiones donavit, castrum, quod *Orbitellum* vocatur, in stagno circa se posito cum omnibus Ecclesiis, et pertinentiis suis; Castrum *Stachilastum* cum omnibus ecclesiis, et pertinentiis suis; Montem *de Cerasolu*; Ecclesiam S. Gabrielis cum omnibus pertinentiis suis; *Colognolum* cum Ecclesia omnibus pertinentiis suis; Monasterium *S. Benedicti de Sylva* cum Ecclesia *S. Donati de Abruscia*, et Ecclesiam *S. Martii de Guarmenlatico* et Ecclesiam *S. Angeli de Matiano*, et omnibus pertinentiis suis, quæ idem Monasterium, antequam Cisterciensium Fratrum instituta susciperet, possidebat.

Insulam *Janniti* cum pertinentiis suis, *Lacum Busani, Portum Herculis, Portum Ferulie*, et alios portus cum sylvis, ac cum aliis pratis, pascuis, viis, inviis, aquarum discursionibus, et cum omnibus cultis et incultis qua continetur, infra terminos a supradicto Domino Leone Papa III, et Carolo Magno designato Imperatore ; ab uno latere mare magnum infra milliaria centum, infra quod mare est mons, qui vocatur *Gilium*, et insula, quæ vocatur *Janniti*, juris prælibati Monasterii vestri ; secundo latere est fluvius qui vocatur *Albuna* ; a tertio vero latere decurrit aqua quæ vocatur *Elza*, et inde usque in lacum, quod vocatur *Serpen*, et vadit par montem *Aristini*, et decurrit in *Buerim*, et sic revertitur in mare magnum, et sicut in litteris, chartis et privilegiis continetur.

Quia vero, quæ a schismaticis acta sunt, nullius debent esse momenti, compositionem, quam olim fervente schismate, quidam ex vestris sine communi consilio ad reducendum tempus, cum schismaticis qui erant ex Ecclesia S. Pauli fecerunt, sicut prædicti Alexander, Lucius et Cœlestinus Prædecessores Nostri irritasse noscuntur ;

Ita et nos irritam esse sancimus, et quæcumque infrascripta ad damnatæ memoriæ *Cremensem* [1], aut etiam ab Imperatore tempore schismatis, vel ab aliquo de parte illa, contra Monasterium, unum licet per manum publicam videatur inscriptis objecta, sicut contra libertatem Monasterii vestri, ad exemplar eorundem Prædecessorum Nostrorum, sicuti in scriptis authenticis continetur, decernimus nullo vestrique tempore valitura.

Sane laborum vestrorum de possessionibus habitis ante concilium generale, ac eis novalibus, quæ propriis manibus, aut sumptibus colitis, de quibus novalibus aliquis hactenus non percipit, de nutrimentis vestrorum ante concilium, a

---

(1) **Guy de Crême,** qui fut choisi pour remplacer le cardinal **Octavien,** antipape sous le nom de Victor IV, et qui lui succéda sous le nom de Paschal III.

vobis decimas exigere, vel extorquere (nullus) præsumat.
Liceat quoque vobis clericos vel laïcos a sæculo fugientes
libere, et absolutos ad conversionem recipere, et eos absque
contradictione aliqua retinere. Prohibemus insuper, ut nulli
Fratrum vestrorum post factam professionem fas sit absque
licentia Abbatis de eodem Claustro discedere ; discedentes
vero absque communi litterarum vestrarum cautione nullus
audeat retinere. Paci quoque ac tranquillitati vestræ impos-
terum sollicitudine providere volentes, auctoritate Apostolica prohibemus, ut infra clausuram locorum seu grangia-
rum vestrarum nullus violentiam, vel rapinam, seu furtum
committere, seu combustionem facere, aut horum capere
aliqua temeritate præsumat.

Præsenti etiam decreto statuimus, ut si aliquod privile-
gium ab Apostolica Sede hactenus apparuerit impetratum,
quod huic Nostræ constitutioni videatur aliquatenus contraire, nullas contra eam vires obtineat, sed constitutio ista
firma omni tempore remaneat, et inviolabilis perseveret.

Decernimus ergo, ut nulli omnino hominum liceat præfatum Monasterium temere perturbare aut ejus possessio-
nem auferre, vel ablatas retinere, minuere, seu quibuscumque vexationibus fatigare, sed omnia integra consi-
gnentur eorum, pro quorum gubernatione et substentatione
concessa sunt, usibus omnimodis profutura, salva Sedis
Apostolicæ auctoritate in supradictis Ecclesiis diæcesanorum
eorum canonica justitia. Si qua igitur in futurum ecclesias-
tica sæcularisve persona hanc Nostræ Constitutionis paginam sciens contra eam temere contraire tentaverit, secundo
tertiove admonita nisi reatum suum congrua satisfactione
correxerit, potestatis honorisque sui careat dignitate, ream-
que se divino judicio de perpetrata iniquitate cognoscat, et
sacratissimo Corpore, et Sanguine Dei et Domini Nostri

Redemptoris, Domini Papæ (jussu ?) alienam, atque in extremo examine divinæ subjaceat ultioni. Cunctis autem eidem loco sua jura servantibus, sit pax Domini Nostri, et Domini Papæ, quatenus et hic fructum benedictionis percipiat, et apud districtum judicem præmia æternæ pacis inveniat.

Ego ALEXANDER Catholicæ Ecclesiæ Episc. subscripsi.

Ego ODO Tusculanensis Episc. subscripsi.

Ego STEPHANUS Prænestinensis Episc. subscripsi.

Ego Frater JOANNES, et S. Laurentii in Lucina præsbyter Card. subscripsi.

Ego Frater HUGO et S. Sabinæ præsbyter Cardinalis subscripsi.

Ego RICARDUS Sancti Angeli diacon. Card. subscripsi.

Ego PETRUS S. Georgi ad Velum Aureum diaconus Card. subscripsi.

Ego JOANNES S. Nicolai in carcere Tulliano diaconus Card. subscripsi.

Ego OCTOBONUS S. Adriani Card. diaconus subscripsi.

Datum Laterani per manum Guillelmi Magistri scholarum Parmen. S. R. E. Vice-Cancellarii, 2 Idus Januarii, Indictione XIV, Incarnationis Dominicæ anno MGCLV, Pontificatus Nostri Domini Alexandri Papæ IV anno II (1).

---

(1) Ughelli, *Italia Sacra* (editio secunda aucta et emendata cura et studio Nicolai Coletti. — Venetiis ann. 1718), Tom 1 p. 50 et seqq.

Numéro 3.

LEO EPISCOPUS SERVUS SERVORUM DEI, AD FUTURAM
REI MEMORIAM.

Cathedram militantis Ecclesiæ, meritis licet inæqualibus, disponente Domino gubernantes; ex commisso nobis pastorali officio, sancto et pio desiderio, ad ea quæ pro monasteriorum, ac in illis præsertim, sub regularis observantiæ disciplinâ, mundanis abjectis illecebris, studio piæ vitæ vacantium personarum, in melius dante Domino, prosperando statum etiam cum divini cultus augmento, opportuna fore conspicimus, operosis studiis intendimus, et illa quæ propterea proinde facta comperimus, ut firma perpetuo et illibata permaneant, libenter cum à nobis petitur, Apostolico munimine roboramus. Sane pro parte dilectorum filiorum, Julii Titulo S. Laurentii in Damaso presbyteri cardinalis, qui Monasterium sanctorum Vincentii et Anastasii ad Tres-Fontes seu Aquas-Salvias, èxtra Urbem, Cisterciensis Ordinis, ex concessione et dispensatione Apostolicâ in commendam obtinet, nec non Congregationis Sancti Bernardi de Tusciâ, ejusdem ordinis, petitio continebat, quod cum alias in dicto monasterio, quod jam diu per aliquos in commendam obtentum fuerat, monachorum et aliorum ministrorum numerus, pro divino cultu necessarius, tantus non fuisset, illiusque ædificia et structura prout conveniebat, imo et necessitas exigebat, conservata et reparata non fuissent, et in eo non vigeret regularis observantiæ disciplina. Venerabilis frater noster Raphael Episcopus Ostiensis, cui tunc

monasterium prædictum certo modo vacans auctoritate apostolicâ commendatum existebat, et tunc Præsidens Congregationis hujusmodi et certus Congregationis eorumdem
Procurator, procuratorio nomine, hujusmodi pro divini
cultus augmento in dicto monasterio, ac regularis observantiæ disciplinæ observatione, salvo ejusdem Sedis bene-
placito, Capitula infrascripta fecerunt : videlicet, quod dictus Raphael Commendatarius eidem Congregationi totum
Monasterium prædictum concedat, ac illius Ecclesiam, Dor-
mitorium, et Claustrum, cum omnibus rebus utensilibus,
pertinentibus ad Ecclesiam et Monasterium prædictum, nec
non illius Sacristiam et omnes officinas dicti monasterii, ad
effectum ut ibi erigatur una mensa conventualis, penitus
discreta a mensa abbatiali, ita quod Congregationis prædicti
possint ratione dictæ mensæ conventualis, eligere unum
Priorem annualem, vel ad aliud tempus, juxta morem
Congregationis eorumdem, cum onere, quod Congregatio
hujusmodi, dictas structuras et officinas reparare et manu
tenere, ac expensas pro oleo, cerâ et aliis ornamentis ad
divinum cultum necessariis, facere tenerentur. Reservata
tamen dicto Raphaeli, et pro tempore existenti Commendatario, seu Abbati dicti Monasterii, pro eo, et ejus familia,
habitatione, loci mansione Cardinalis nuncupati, quæ est
in primo ingressu dicti Monasterii. Ac quod idem Raphael
commendatarius pro sustentatione Religiosorum ex Congre-
gatione hujusmodi in dicto Monasterio pro tempore degentium, pro eorum mensa conventuali, et ejusdem Monasterii
dividebat hortos, vineas, et terras singulas, prativas et ar-
boratas, et pascua cum omnibus et singulis bonis immobilibus existentibus circum et prope dictam Monasterium, per
Monachos in eo degentes, et eisdem in divinis deservientes
hactenus teneri solitis : et ultra dicta bona, Rubra sex terræ

laborativæ ad.... ex possessione dicti Monasterii *Tenimen-tum* nuncupata, et prope illud sita, nec non omnes et sin-gulas domus dicti Monasterii in Urbe consistentes, similiter hactenus per Monachos in eodem Monasterio degentes, te-neri solitas, ubicumque sitæ existerent, et esse reperirentur, et quæ diversis personis ad pensionem locari consueverant, et ultra illas, tertiam partem alterius domus dicti Monas-terii pro indiviso cum quondam Nicolao de Lottio, dum vi-veret, Cive Romano in regione sancti Eustachii prope Do-havam mercium dictæ Urbis consistentis. Et insuper pos-sessionem *Ronciliani* nuncupatam, cum omnibus et sin-gulis domibus, terris, vineis, nemoribus, pratis, juribus et pertinentiis, pro dicta possessione *Ronciliani* teneri solitis, et ad dictum Monasterium pertinentibus : quæ bona dictæ mensæ conventuali applicari deberent, ac quorum fructus, redditus et proventus summam quadringentorum ducato-rum auri de Camerà secundum communem existimationem non excedebant. Idem Raphael Commendatarius pleno jure, ac alias cum omnibus juribus et pertinentiis suis ad dictam mensam conventualem pertinere ac spectare, ac in præ-dicta assignatione mensæ conventualis hujusmodi includi, illaque ab aliis bonis ad dictum Monasterium, et pro tem-pore illius existentem Commendatarium, seu Abbatem per-tinentibus, omnino dimembrata et separata esse voluit, et dictæ mensæ perpetuo unita, ita ut Commendatarius seu Abbas dicti Monasterii, de concessis pro mensa conventuali, et religiosi præfati in dicto monasterio pro tempore exis-tentes, de reservatis bonis prædictis.... Commendatario seu Abbate nullatenus se intromitterent, et quod religiosi ipsi in eodem monasterio pro tempore, ut præmittitur, existentes ab omni superioritate prædicti Raphaelis, et pro tempore existentis Commendatarii seu Abbatis ejusdem monasterii, exempti forent. Sed prior in ipso monasterio, à capitulo Congregationis hujusmodi pro tempore deputandus, plenam juridictionem, sed superioritatem in ipsos religiosos, in eodem Monasterio similiter pro tempore deputandos, ac omnimodam auctoritatem et administrationem circa bona dictæ mensæ habere, quodque omnia relicta inposterum dicto Monasterio per quascumque personas, quocumque modo, tam de mobilibus quam immobilibus, videlicet bonis faciendis, et eleemosynæ omnes, in eodem Monasterio a Christi fidelibus, essent Religiosorum prædictorum, et eidem mensæ ex tunc perpetuo applicata intelligerentur. Ac quod si taxa Papalis, vel aliud onus per Romanum Pontificem, vel Abbatem monasterii Cisterciensis, Cabilonensis Diœcesis, et Capitulum generale dicti Ordinis pro tempore existentes, pro toto Monasterio prædicto ut antea imponerentur Religiosi præfati, decimasque dictas solvere, etiam et onera hujusmodi solvere, minime tenerentur. Ac etiam quod Congregatio prædicta, in eodem Monasterio Religiosos duodecim, seu Fratres regularis observantiæ ejusdem Ordinis tenere et deputare deberent : qui quidem Religiosi, impedimento cessante legitimo, in eodem Monasterio manere, et pernoctare, ac in eo missas et alia divina officia pro vivis et defunctis, ut est moris, dicere et celebrare, ac onera sacristiæ, totiusque Monasterii prædicti subire tenerentur, ita tamen quod, in mensibus Julii, Augusti et Septembris, et ultimis quindecim diebus mensis Junii cujuslibet anni, propter malum aerem qui in eo loco dicti Monasterii, præcipue in prædictis mensibus, minus salubris reputatur, in dicto Monasterio, morari, stare et pernoctare non tenerentur, sed per dicta tempora in Urbe, vel alio loco salubriore se conferre valerent. Quodque si aliqua lis super bonis assignatis hujusmodi moveretur : Congregatio præfata, dicta lite durante, nec etiam in casu evictionis bonorum prædictorum, suprascriptorum numerum Religiosorum in dicto Monasterio deputare non tenerentur, sed solum pro ratà fructuum ex eisdem bonis per eos percipiendorum prout in quibusdam capitulis desuper confectis, plenius dicitur contineri. Cum autem sicut eadem petitio subjungebat, præfatus Raphael Commendatarius post confectionem capitulorum prædictorum, et antequam illa per Sedem eamdem confirmarentur, commendæ dicti monasterii in manibus nostris sponte et libere cesserit, nosque cessionem ipsam admittentes, prædictum Monasterium, eo quo ante Commendam hujusmodi vacabat, modo vacans, eidem Julio Cardinali, per eum, quoad viveret, tenendum, regendum et gubernandum commendaverimus, ipseque Julius Cardinalis, ac ipsius Monasterii modernus Commendatarius, non solum contenta in eisdem capitalis confirmare, quin imo ultra dicta bona in eis contenta, religiosis prædictis, qui per multos annos in dicto Monasterio capitulorum eorumdem vigore steterunt, in augmentum eorum mensæ conventualis, quatuor alias domos in Urbe infra eorum confines sitas, unam videlicet apud puteum album, aliam vico pellegrini nuncupatam, et alteram in Campo Floræ, ac reliquam in piscaria Urbis consistentes, et per Commendatarios seu Abbates dicti Monasterii teneri solitas, ex quibus omnibus pensio annua sexaginta ducatorum, ut dictus Julius Cardinalis asserit, percipi consuevit, ab aliis bonis dicti monasterii dimembrare intendit, prout dat, et eidem Congregationi, pro eadem mensa assignat modo et forma præmissis, et prout alia bona per dictum Raphaelem tunc Commendatarium supra dimembrata, data et assignata fuerunt. Et insuper quoniam ex pretio medietatis dictæ domus, quæ ut præmittitur dicti Monasterii pro indiviso in eodem Ni-

colao existebat, et quæ eidem Nicolao vendita fuit, ac ex
summa ducatorum centum similium pro remissione certi
annui census super quadam domo prope dictum *Puteum*
Album infra ejus confines consistentes, eidem Monasterio
debiti per tunc illius Priorem à quondam Paulo de Zenis
dum viveret Palliario in Urbe, seu ejus hæredibus, habitu-
rum, quædam domus in platea Camillana nuncupata, qua-
rum una et aliarum domorum prædictarum, solum cum
alia ipsius monasterii domo, in dicta Urbe ac via Banchorum
etiam nuncupata consistente, et in quo quondam tunc Do-
minicus de Suario dum in humanis ageret Aurifaber com-
morabatur, certis pactis et conditionibus tunc expressis,
permutatæ fuerant, constructæ et ædificatæ existunt. Ea-
propter præfatus Julius Cardinalis ac modernus Commendatarius ipsius Monasterii, vult et consentit, quod omnes
dictæ domus in dicta platea existentes, in bonis mensæ
conventualis prædictæ, et ei ut præmittitur, assignatis, includi debeant : pro parte Julii Cardinalis, et Congregationis
prædictorum, Nobis fuit humiliter supplicatum, ut capitulis,
ordinationibus, pactis, et conventionibus prædictis, et aliis
per præfatum Julium Cardinalem ac modernum Commendatarium dicti Monasterii habitis et assignatis, ac voluntati
et consensui ipsius Julii Cardinalis et Commendatarii, pro
illorum subsistentia firmiori, robur Apostolicæ confirma-
tionis adjicere, aliasque in præmissis opportune providere,
de benignitate Apostolica dignaremur. Nos igitur qui Monasteriorum quorumlibet reformationem, ac personarum
in illis sub regulari obedientia degentium, felicem et pros-
perum statum, ac divini cultus augmentum, nostris præsertim temporibus, supremis desideramus affectibus, Congre-
gationes prædictas, nec non Congregationis hujusmodi personas singulares, a quibusvis excommunicationis, suspen-

sionis, et interdicti, aliisque Ecclesiasticis censuris, sententiis et pœnis, a jure vel ab homine, quavis occasione vel causa latis, si quibus innodati quomodolibet existunt, ad effectum præsentium dumtaxat consequendum, harum serie absolventes, et absolutos censentes, hujusmodi supplicationibus inclinati, capitula, ordinationes, pacta, conventiones, prædicta, ac prout illa concernunt, omnia et singula in eisdem capitulis contenta, nec non alia præmissa, per præfatum Julium Cardinalem et modernum Commendatarium habita et assignata, ac ipsius Julii Cardinalis et moderni Commendatarii voluntate et consensu hujusmodi, auctoritate Apostolica tenore præsentium approbamus et confirmamus, supplemusque omnes et singulos defectus, si qui forsan intervenerint in eisdem.

Quo circa Venerabilibus Fratribus nostris Asculanensi ac Tropiensi Episcopis per Apostolica scripta mandamus, quatenus ipsi, vel duo, vel unus eorum, per se vel alium, seu alios, præsentes litteras, ac omnia et singula in eis contenta, ubi et quando opus fuerit, ac pro parte Julii Cardinalis et Congregationis prædictorum, fuerint super hoc requisiti, solemniter publicantes, eisque in præmissis, efficacis defensionis præsidio adsistentes, faciant auctoritate Nostrâ præsentes litteras et in eis contenta hujusmodi inviolabiliter observari, non permittentes eosdem Julium Cardinalem et Congregationem, super illis per quoscumque cujuscumque status, gradus vel conditionis fuerint, contra tenorem litterarum prædictarum quomodolibet molestari, contradictores per censuram Ecclesiasticam appellatione postposità compescendo : non obstantibus, etc., etc....

Datum Romæ apud S. Petrum Anno Incarnationis Dominicæ Millesimo quingentesimo decimo nono. V Cal. Februarii.

NUMÉRO 4.

PIUS P. P. IX

Ad futuram rei memoriam.

Extra Urbis portam, quæ Trigemina sive Ostiensis nuncupatur, locus extat ad Aquas Salvias dictus, ubi sanctus Paulus Doctor gentium abscisso capite martyrium fertur consummasse, et quo per omnes ætates ex omnibus terræ partibus religionis causa fideles confluxerunt. Inibi etiam vetusta assurgit Ecclesia in honorem dicata SS. martyrum Vincentii et Anastasii cum adnexo cœnobio, et cum proximis duabus Ecclesiis sive oratoriis, quorum unum Genitrici Dei dicatum *Scala Cœli* appellatur, alterum a sancto Paulo nomen habet. Porro in memorato Cœnobio a vetustis temporibus Monachi Ordinis Cisterciensis consistebant, et sæculo vertente decimo secundo commoratus ibidem est sanctus Bernardus, Ecclesiæ Doctor, et Cisterciensis ejusdem Ordinis decus, atque ornamentum. Quæ quidem religiosa monachorum familia tribus illis Ecclesiis custodiendis addicta et exercitio virtutum et Divinarum celebratione laudum excitandæ fidelium pietati mirum in modum serviebat, Sed enim quum publicarum perturbatione rerum imminutus admodum esset Religiosorum virorum dicti Ordinis numerus, neque amplius in cœnobio SS. Vincentii et Anastasii vacare, ut antea Monachi possent sacris officiis, et præsidia salutis æternæ advenientibus illuc fidelibus exhibere, factum est, ut fel. me. Leo XII. Prædecessor noster per suas in simili forma Brevis Litteras datas die XXIII

Junii anno MDCCCXXVI, Cisterciensis Ordinis Monachis in Cœnobio SS. Vincentii et Anastasii Fratres Ordinis Minorum S. Francisci de Observantia subrogaverit. Et quoniam ipsos nedum sacri illius loci custodiæ addixit, sed vero etiam præsto esse voluit fidelibus, qui illuc advenientes sacramento pœnitentiæ animi sordes abluere, et Divina Eucharistia se reficere cuperent, idcirco constare in eodem Cœnobio voluit Religiosam Familiam duodecim saltem fratribus, quorum sex, vel plures potius sacerdotes essent, et ex iis quatuor saltem ad excipiendas confessiones approbati, præterea quoniam religiosis iisdem fratribus onus imposuerat tuendi, reparandique fabricas trium Ecclesiarum, et sacram omnem supellectilem comparandi, quæ ad Divinum cultum necessaria est, ea de causa ipsis adjudicavit usum-fructum vineæ Cœnobio adjacentis, nec non ædificium in Urbe situm Monachis Cisterciensibus antea spectans, quod vulgo dictum est « Ospizio di Torre de specchi », itemque Cappellaniam a fel. rec. Pio VII Pontifice maximo institutam. Attamen ex peculiaribus causis nunquam in memorato Cœnobio coalescere potuit Fratrum Minorum Franciscalium familia juxta Leonis XII Prædecessoris nostri rescriptum, ac proinde religiosi iidem Fratres trium Ecclesiarum custodiam dimittere, impetrata a Nobis venia, statuerunt.

Nos igitur cupientes ut alter Religiosus Ordo sacri loci illius custodiæ advigilet, id consilii cepimus, ut ibi constituamus Religiosos viros Ordinis Monachorum Cisterciensium Reformatorum, qui de Trappa nuncupantur; pro certo habentes, ipsos pro explorata sua pietate, ac religionis studio votis Nostris probe responsuros. Itaque motu proprio, ac matura deliberatione Nostra, deque Apostolica Nostra auctoritate usum Cœnobii SS. Vincentii et Anastasii ad Aquas Salvias, nec non custodiam adnexarum trium Ecclesiarum,

9

ad Nostrum, et Sanctæ Sedis beneplacitum, Ordini Monachorum Cisterciensium reformatorum, vulgo de Trappa
nuncupatorum tribuimus, tradimus, adsignamus, ea tamen
sub conditione, ut ibi Monastica coalescat Familia, quæ una
cum Laicis numerum Religiosorum virorum non minorem
quatuordecim complectatur, et cum iis reditibus, emolu-
mentis, oneribus, quibus dictum Cœnobium Sanctorum
Vincentii et Anastasii ad Aquas Salvias Fratribus Ordinis
Minorum S. Francisci de Observantia per Leonem XII Prædecessorem Nostrum, traditum fuit. Proinde memoratis
monachis usum-fructum concedimus, atque attribuimus
vineæ dicto Cœnobio adjacentis, nec non jus percipiendi
mediam partem Canonis scutatorum annuorum bis centum,
qui Canon solvitur ab emphyteuta ædium urbanarum, quæ
vulgo dicuntur « Ospizio di Tor de Specchi; » quippe altera
media pars ejusdem Canonis eleemosynæ loco percipietur
a Fratribus Ordinis Minorum S. Francisci de Observantia,
quibus Cœnobium cum adnexa Ecclesia sancti Sebastiani
ad Catacumbas per supradictas Leonis XII Prædecessoris
Nostri litteras traditum est. Item dictis Monachis Cisterciensis Ordinis de Trappa fructus, et reditus adsignamus
Cappellaniæ per fel. mem. Pium VII Prædecessorem nostrum institutæ, cum onere Missas celebrandi. Attamen
Abbati Commendatario Cœnobii Sanctorum Vincentii et
Anastasii ad Aquas Salvias pro tempore existenti reservatam
volumus illam Cœnobii partem, qua in præsens potitur, nec
non servatam rectam volumus ipsius jurisdictionem in
Ecclesiam Sanctorum Vincentii et Anastasii, et in duas ad-
nexas Ecclesias, quas supra memoravimus. Decernentes
has litteras firmas, validas et efficaces esse et fore, suosque
plenarios et integros effectus sortiri et obtinere, iisque ad
quos spectabunt plenissime suffragari ; sicque per quos-

cumque Judices ordinarios, et delegatos, etiam Causarum
Palatii Apostolici Auditores, ac Sanctæ Romanæ Ecclesiæ
Cardinales, sublata eis, et eorum cuilibet quavis aliter ju-
dicandi et interpretandi facultate, et auctoritate, judicari,
ac definiri debere, irritumque et inane quidquid secus super his a quoquam quavis autoritate scienter vel ignoranter
contigerit attentari : non obstantibus Nostra et Cancellariæ
Apostolicæ regula *De jure quæsito non tollendo,* nec non
fel. record. Benedicti XIV Prædecessoris Nostri *Super divi-*
sione materiarum, aliisque Apostolicis, ac in universalibus,
provincialibus, atque synodalibus Conciliis editis generali-
bus, vel specialibus constitutionibus, et ordinationibus, nec
non dictorum Monachorum Ordinis Cisterciensis Reformatorum etiam juramento, confirmatione Apostolica vel alia
quavis firmitate roboratis statutis, consuetudinibus, cete-
risque contrariis quibuscumque.

Datum Romæ apud sanctum Petrum sub Annulo Pisca-
toris die xxi mensis Aprilis anno MDCCCLXVIII, Pontificatus
nostri vigesimo secundo.

Cardinalis PARACCIANI CLARELLI.

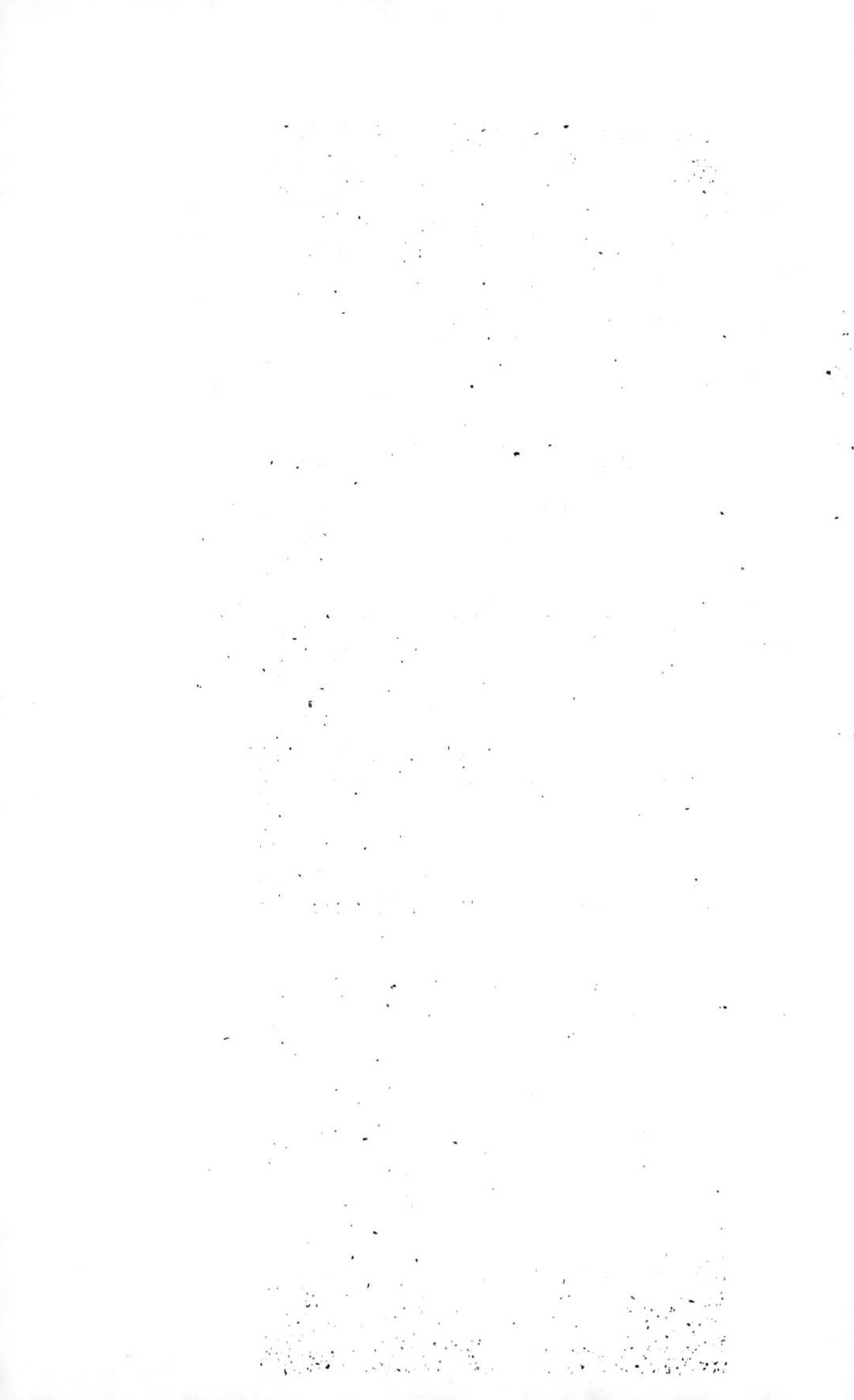

APPENDICE

APERÇU SOMMAIRE

Sur la Congrégation Cistercienne de la Trappe.

La Trappe est un monastère réformé au **XVII**ᵉ siècle par l'abbé de Rancé. Il appartenait à l'Ordre de Cîteaux, dont nous n'avons pas à retracer ici l'origine. Tout le monde sait que, fondé en 1098 dans l'observance littérale ¦de la règle de Saint-Benoit par St Robert, abbé de Molesme, St Albéric et St Étienne Harding, il fut surtout illustré et propagé par saint Bernard, et exerça aux XIIᵉ et XIIIᵉ siècles une influence si prépondérante que, durant cette époque, — son annaliste Ange Manrique l'a dit avec raison — son histoire se confond avec celle de l'Église. (1)

Cependant, malgré les précautions prises par les saints fondateurs, malgré son admirable Constitution, connue sous le nom de *Charte de Charité,* qui reliait tous les monastères sous une hiérarchie puissamment organisée, et, par la création des chapitres généraux et les visites régulières annuelles, établissait une sur-

---

(1) Annales cisterciennes T. 1. Prafatio § III.

veillance incessante sur l'administration spirituelle et temporelle aussi bien que sur la discipline, il dut subir la loi commune à toutes les institutions humaines. Après son époque de gloire il eut sa décadence, dont la première et peut-être la principale cause doit être attribuée à son développement excessif qui relâcha peu à peu les liens de la charité et, par suite, amena les rivalités et les divisions entre les supérieurs. Les fléaux de tout genre, guerres, peste et famine, qui se déchaînèrent sur l'Europe au XIVe et au XVe siècles, interrompant la tenue des chapitres généraux, empêchant les visites régulières et dépeuplant les monastères accélérèrent le mouvement, et, fléau plus terrible encore, la *Commende* arrivant par dessus, compléta la chûte et la rendit en apparence irrémédiable.

C'en était fait de l'Ordre de Cîteaux, s'il eût été uniquement la création des hommes. Mais la Sainte Vierge qui avait présidé à sa naissance et avait béni son berceau en le revêtant de ses livrées [1], au service de laquelle il s'était montré toujours si dévoué, ne pouvait le permettre. D'ailleurs l'Église l'avait marqué de son sceau, et à tout ce que l'Église touche Elle communique un germe d'immortalité. Le feu sacré n'y était pas éteint; il couvait sous la cendre. Dès les premières années du XVe siècle une étincelle en jaillit

---

[1] Une pieuse tradition remontant aux premiers siècles de l'Ordre, attribue à une révélation de la Sainte-Vierge faite à Saint Albéric l'adoption de la couleur blanche pour le vêtement. De là vint la dénomination de *Moines blancs*, donnée aux Cisterciens, pour les distinguer des autres Bénédictins désignés sous le nom de *Moines noirs*.

qui embrasa bientôt toute l'Espagne. En 1526, Martin de Vargas réformait l'abbaye de *La Pierre*, et de nombreux monastères de la Péninsule, embrassant la nouvelle observance, se réunissaient sous sa conduite en une Congrégation qui fut approuvée par le pape Martin V.

Cet exemple ne tarda pas à porter ses fruits. En 1497 naissait la Congrégation de Saint-Bernard d'Italie ; en 1586, Jean de la Barrière établissait en France celle des Feuillants, qui jeta un si vif éclat ; Denis de L'Argentier, en 1615, réformait son abbaye de Clairvaux et, suivi par d'autres monastères de sa filiation, donnait le jour à l'Etroite Observance, que Dom Eustache de Beaufort introduisait à Sept-Fonts, mais en la rendant plus stricte encore, en 1663. Enfin en 1664, sous la main énergique de l'abbé de Rancé s'inaugurait la plus connue sinon la plus célèbre et la plus durable de toutes ces réformes, la *Réforme de la Trappe*.

Lorsque l'abbé Armand-Jean le Bouthillier de Rancé, âgé de douze ans, fut pourvu de ce bénéfice en 1638, depuis longtemps déjà cette abbaye était ruinée pour le spirituel comme pour le temporel [1]. Son nouveau possesseur devait la régénérer et lui créer une glorieuse existence. Après une jeunesse passée dans la dissipation, les fêtes et les plaisirs,

---

[1] L'abbaye de *Maison-Dieu-Notre-Dame de la Trappe* est située près de Mortagne, au diocèse de Séez (Orne). Fondée par Rotrou II, comte de Perche, en 1140, de la Congrégation de Savigny, elle entra dans l'ordre de Cîteaux, sous la filiation de Clairvaux, en 1148.

l'abbé de Rancé [1], touché de la grâce, s'arracha à
son sommeil de mort, et parut aux yeux du monde
comme un autre Jean-Baptiste pour prêcher la pénitence, rappeler les enfants à la sainteté de leurs Pères
et former à la gloire du Seigneur un peuple saint et
parfait. Ayant distribué aux pauvres le prix de son
patrimoine, s'étant défait de tous ses bénéfices [2], il
ne se réserva que l'abbaye de la Trappe, que le roi
lui permit de tenir en règle, et le 13 juin 1663 il
entra au noviciat de Perseigne, qui suivait l'Étroite
Observance. Le 26 du même mois de l'année suivante,
il émit solennellement ses vœux ; et le lendemain de
sa bénédiction abbatiale (14 juillet 1664), il prit possession de la Trappe en qualité d'abbé régulier. La
communauté nouvelle formée par ses soins n'atteignit
pas même le nombre de douze exigé par les anciens
statuts de l'ordre pour l'érection d'un abbaye. Encore
un peu de temps et cette petite famille sera un peuple.
La Trappe, en effet, ne tarda pas à devenir le modèle
de la vertu monastique, elle reprit dans toute leur
rigueur la plupart des austérités primitives, et dé-
montra par la pratique que la pénitence du moyen
âge peut convenir à tous les siècles. Elle se maintint
au milieu des contradictions de tout genre qu'elle eut
à essuyer, et sut résister à l'action corrosive du temps

---

(1) Armand-Jean le Bouthillier de Rancé, né à Paris le 9 Janvier
1626 ; il était âgé de 37 ans lorsqu'il entreprit la réforme de la Trappe,
il mourut le 27 Octobre 1700, à l'âge de 75 ans.

(2) L'abbé de Rancé, dès l'âge de douze ans, était à la fois chanoine
de Paris, abbé de Notre-Dame-du-Val, de Saint-Symphorien de Beau-
vais et de la Trappe. A ces bénéfices le roi avait ajouté les prieurés de
Boulogne près Chambord, et de Saint-Clément en Poitou.

en se conservant à peu près intacte jusqu'à la Révolution française. Aussi peu s'en fallut qu'elle n'échappât à l'arrêt prononcé par l'Assemblée nationale contre les communautés religieuses. L'exception réclamée en sa faveur par les populations voisines n'eut cependant pas lieu. La Trappe subit le sort commun ; l'abbaye fut supprimée.

Mais la Réforme ne fut pas éteinte. Un nouveau Moïse parut au milieu du peuple choisi, suscité de Dieu pour tirer ses frères du sein de l'impiété triomphante. Ce libérateur se nommait en religion Dom Augustin ; dans le monde, Louis-Henry de Lestrange[1]. *Cet homme,* on l'a dit, *est le véritable grand homme de la Trappe.* Intelligence ferme, volonté indomptable, caractère de fer, il avait au plus haut degré l'estime et l'amour de sa profession. Père-maître des novices lorsque la révolution éclata, il conçut le hardi projet de sauver son ordre exposé à périr dans la plus affreuse tempête. Ayant obtenu du Sénat de Fribourg l'autorisation de s'établir sur les terres du canton, il partit à la tête de vingt-quatre religieux, presque sans argent, sans provisions, sous la surveillance d'une police ombrageuse ; et après un voyage pénible sur un mauvais chariot, à travers la France, il arriva en Suisse avec sa troupe, et le premier juin 1791 il prit solennellement possession du monastère

---

(1) Louis-Henri de Lestrange naquit en 1754 au château de Colombier-le-vieux, dans le Vivarais. D'abord vicaire de Saint-Sulpice à Paris, puis grand-vicaire de Vienne, il venait d'être nommé coadjuteur de Mgr de Pompignan, archevêque du diocèse, lorsqu'il se présenta à la Trappe en 1780, pour éviter le fardeau de l'épiscopat.

de la Val-Sainte [1], qui avait été assigné pour demeure aux pauvres exilés du Christ. Désireux de s'offrir comme des victimes d'expiation en faveur de leur patrie coupable, ces généreux pénitents mirent leurs premiers soins à reprendre toutes les anciennes pratiques de l'ordre, auxquelles ils ajoutèrent de nouvelles austérités inconnues aux premiers Pères de Cîteaux.

En apprenant la survivance de cette communauté religieuse au naufrage qui avait englouti toutes les autres, le Souverain-Pontife Pie VI, jaloux de récompanser une si héroïque fidélité, enjoignit, par un bref du 30 septembre 1794, à son Nonce de Lucerne muni des pouvoirs de Légat *a latere*, d'approuver par l'autorité apostolique l'établissement nouveau, d'ériger sans frais la Val-Sainte en abbaye de l'Ordre de Cîteaux, et d'accorder aux Trappistes toutes les autres grâces nécessaires au plein et entier affermissement de leur maison [2].

Le ciel semblait arrêter ses regards sur ce petit coin de terre ignoré du monde. Les postulants affluaient de toutes parts, et si nombreux, que Dom Augustin put bientôt établir des fondations : il envoya, à de courts intervalles, des colonies en Espagne, en Piémont, en Belgique, plus tard en Angleterre et jusqu'en Amérique. En même temps il ouvrait dans le Bas-Valais

---

(1) La Val-Sainte, ancien couvent de chartreux, supprimé depuis 1776.

(2) Voir le bref d'approbation dans les *Annales d'Aiguebelle*, t. II, chap. III, page 125. — Texte latin aux pièces justificatives N° 6.

un asile aux religieuses chassées de leur patrie, et fondait un tiers-ordre pour l'éducation de l'enfance.

La restauration monastique de la Val-Sainte était donc en voie de pleine prospérité ; il ne manquait plus que le sceau de la persécution. Cette empreinte des œuvres de Dieu ne lui fit pas défaut. Au commencement de 1798, les Français ayant envahi la Suisse, les Trappistes furent obligés de chercher un abri dans les lointains climats ; mais où fuir ? La colonie se composait de trois communautés, les moines, les religieuses et le tiers-ordre, maîtres et élèves ; en tout deux cent cinquante quatre personnes. Partagés en trois bandes, ils s'avancèrent à travers la Souabe, la Bavière, l'Autriche, la Pologne, et arrivèrent après des souffrances inouïes dans la Russie, où le Czar Paul, par déférence pour Sœur *Marie-Joseph,* princesse de Condé, les accueillit fort gracieusement. Dix-huit mois s'étaient à peine écoulés, qu'un ordre d'expulsion vint fondre sur eux. Leur retraite fut plus dure que le premier voyage. Repoussés tour à tour de tous les pays, ils ne trouvèrent plus un lieu où mettre le pied, et furent réduits à se réfugier au milieu d'un fleuve, à égale distance des deux rives, dans un îlot de quelques mètres de surface que les souverains n'avaient pas encore songé à se disputer. Après les aventures les plus étranges, ils arrivèrent à Dantzig, puis à Lubeck.

Bientôt les Trappistines furent divisées en deux colonies, dont l'une alla fonder en Angleterre la maison de *Stape-Hill,* et l'autre se réfugia près du monastère de Darfeld en Westphalie. Les religieux à leur tour se partagèrent en divers corps : les uns rejoignant les frères de Darfeld, les autres relevant l'établissement de Westmall, d'autres enfin fondant les monastères Saint-Liboire près de Dribourg, et de Valda au sein d'une province prussienne. Puis, lorsque le gouvernement prussien les chassa de ses états, une partie d'entre eux s'embarqua pour l'Amérique, et l'autre, après sept ans d'exil et de voyages, le cœur joyeux, regagna la Val-Sainte. A partir de cette époque, la Trappe eut un long repos de neuf ans (1802-1811). Elle ne fut pas persécutée, elle fut même protégée par l'empereur Napoléon, qui reporta sur elle une partie de la faveur qu'il avait accordée à d'autres Trappistes exilés, eux aussi, de l'abbaye de Tamié [1]. et qu'il établit au Mont-Cenis et au Mont-Genèvre pour y desservir l'hospice, sous la direction de Dom Antoine Gabet, leur ancien abbé [2].

Mais voilà que tout à coup la bienveillance du

---

(1) L'abbaye de Tamié, au diocèse de Tarentaise, fille de Bonnevaux au diocèse de Vienne, fut réformée en 1677 par son abbé Jean-Antoine de la Forêt de Somont qui y introduisit les règlements de l'abbé de Rancé, avec quelques adoucissements que ses successeurs retranchèrent plus tard, de sorte que, sans dépendre en aucune façon de l'abbaye de la Trappe, mais uniquement parce qu'ils en pratiquaient l'observance, les religieux de ce monastère étaient désignés sous le nom de *Trappistes*.

(2) Tous les historiens modernes de la Trappe ont parlé de cet établissement des Trappistes au Mont-Cenis, mais sans préciser quels ils étaient, ni d'où ils venaient. Ce point d'histoire est aujourd'hui parfaitement élucidé depuis la publication de *l'histoire de l'abbaye de Tamié* par M. Eug. Barnier et surtout de celle de *Dom Antoine* GABET, publiée par les soins de Melle Lse Francoz, sa petite nièce, ouvrage qui renferme des détails émouvants et tout à fait inédits sur les divers passages de Pie VII et de Napoléon au Mont-Cenis.

Monarque se change en haine. Il rend un décret en 1811 supprimant les Trappistes qui prétendent demeurer fidèles au Souverain Pontife persécuté, et refusent de prêter un serment qui blesse leur conscience. Toutefois la Trappe subsista à l'étranger ; et quand, à l'heure marquée par la Providence, Napoléon tomba écrasé par toutes les forces de l'Europe, nos religieux retrouvèrent en France un sol hospitalier.

Pendant cette persécution acharnée, dirigée contre de pauvres moines par le plus puissant des monarques, dom Augustin, de qui la tête avait été mise à prix, s'était réfugié en Amérique. Dès qu'il apprit la chûte de l'empereur et la délivrance de l'Eglise, il résolut de ramener dans la patrie l'ordre qu'il avait sauvé au prix de tant de labeurs. A peine débarqué en France, après les cent-jours, il s'établit dans l'ancienne abbaye de la Trappe qu'il avait quittée vingt-cinq ans auparavant, transférant à ce monastère le chef-lieu de l'ordre et tous les droits de la Maison-mère. Les Trappistes d'Angleterre se fixèrent à Melleray, diocèse de Nantes ; ceux d'Amérique, à Bellefontaine, diocèse d'Angers. Les religieux qui avaient profité de quelque temps de paix pour retourner à la Val-Sainte, se divisèrent : les uns rejoignirent leur abbé à la Trappe ; les autres, sous la conduite du Père Etienne, se rendirent à Notre-Dame d'Aiguebelle, au diocèse de Valence, que l'on venait de racheter.

Ainsi se rétablissait, en France, l'Ordre de Cîteaux, qu'une dispersion lamentable semblait y avoir anéanti pour toujours. Un homme avait suffi à cette œuvre divine ; maintenant sa mission est accomplie : il peut

s'en aller en paix. Mais avant de rappeler à lui ses
serviteurs, Dieu a coutume de leur prodiguer les é-
preuves, afin de leur prodiguer la gloire. Dom Augustin n'avait eu à souffrir jusque-là que les persécutions du dehors ; à l'exemple de saint Paul, il devait
en subir une plus cruelle, la persécution des faux-
frères, dont les accusations appuyées par les hommes
les plus respectables, des prélats même et des cardinaux qu'ils avaient su gagner à leur cause, furent
portées au tribunal du Saint-Siège. Cité à Rome par
Léon XII pour répondre aux griefs intentés contre
lui, il partit au mois de Juillet 1825, et après deux
ans d'absence, non-seulement justifié, mais comblé
de faveurs et de présents de la part du Souverain-
Pontife, et chargé de ses bénédictions pour lui-même
et pour toute sa congrégation, il revint en France, et
se reposa dix jours à l'abbaye d'Aiguebelle. De là il
se rendit à Lyon et arriva chez les Trappistines de
Vaise où il expira cinq jours après, le 16 Juillet 1827,
épuisé par les fatigues du voyage et n'ayant pas cessé
un seul jour les pratiques des plus rudes mortifications.
Il était âgé de 74 ans.

Lorsque, chassé par la Révolution, il se réfugiait
en Suisse, il n'emmenait avec lui que vingt-quatre
religieux ; et voilà qu'à sa mort l'on en comptait neuf
cent trente-quatre, répartis en seize monastères, sans
parler de quatre monastères à l'étranger et de cinq
maisons du tiers-ordre. Le grain de sénevé était devenu un grand arbre.

Mais il était urgent de pourvoir à l'organisation
de tous ces monastères, de créer entre eux une hié-

rarchie, sous peine de voir de féconds éléments s'altérer peu à peu, se dissoudre et puis disparaître. Déjà, depuis 1815, les religieux de Darfeld en Westphalie avaient abandonné les règlements de la Val-Sainte ; et repris ceux de l'abbé de Rancé ; les abbayes du Port-du-Salut et du Gard (1) imitèrent l'exemple de leur maison-mère. Quant aux monastères qui avaient conservé les traditions de la Val-Sainte, ils se déclarèrent prêts à abandonner tous les usages que Dom Augustin avait ajoutés à la règle de Saint Benoît, mais ils demandaient à conserver la pratique de cette règle selon les constitutions des fondateurs de Cîteaux. Ces vœux, humblement présentés au Saint-Siège, furent accueillis avec faveur, et par un bref du 1er Octobre 1834, Grégoire XVI réunit les deux observances en une seule congrégation, laissant à chacune d'elles la faculté de suivre la règle de saint Benoît avec les constitutions de Cîteaux où les règlements de l'abbé de Rancé. Des difficultés de juridiction et de gouvernement s'étant élevées dans la suite, un nouveau bref rendu par Pie IX le 27 Février 1847, qui séparait complètement les deux observances et les érigeait en deux congrégations distinctes, appelées : l'une, *de l'ancienne Réforme de Notre-Dame de la Trappe*, qui garderait les règlements de l'abbé de Rancé ; l'autre, *de la nouvelle Réforme de Notre-Dame de la Trappe*, qui suivrait la règle de saint Benoît, avec les constitutions primitives des Cisterciens approuvées par le Saint-Siège.

---

(1) Les religieux de l'abbaye du Gard furent transférés à Sept-Fons, diocèse de Moulins, en 1845.

Nous croyons faire plaisir à nos lecteurs en leur faisant connaître l'état actuel de ces deux observances. Réunies, elles forment la branche la plus importante de l'Ordre de Cîteaux, sous le nom de *Congrégation Cistercienne de l'Etroite Observance*. Elle compte cinquante-quatre monastères formant un personnel de plus de trois mille religieux, et se partage en trois congrégations.

ÉTAT ACTUEL
DE LA CONGRÉGATION CISTERCIENNE
DE L'ÉTROITE OBSERVANCE DE LA TRAPPE.

Protecteur à Rome, son Eminence le Cardinal MONACO LA VALETTA, Cardinal-Vicaire.

Président général de l'ordre de Cîteaux, résidant à Rome.

Procureur général de la Congrégation près du Saint-Siège :

Le R. P. Dom FRANÇOIS-RÉGIS, abbé.

I. — Congrégation qui suit les constitutions primitives de Cîteaux.

NOTRE-DAME DE LA GRANDE-TRAPPE, au diocèse de Séez, près Mortagne (Orne). Sav. 1140. — Cît. 1148.

Le R^{me} P. Dom TIMOTHÉE, abbé et vicaire-général de cette Congrégation.

NOTRE-DAME DE MELLERAY, diocèce de Nantes, près Chateaubriand (Loire Inférieure), 1142.
Le R. P. Dom EUGÈNE, abbé.

NOTRE-DAME DE BELLEFONTAINE, diocèse d'Angers, près Chollet (Maine-et-Loire), Ben. 1100. — Cît. 1462.
Le R. P. Dom JEAN-MARIE, abbé.

NOTRE-DAME D'AIGUEBELLF, diocèse de Valence, près Grignan (Drôme), Clun. 1045. — Cît. 1134-1815.
Le R. P. Dom GABRIEL, abbé.

NOTRE-DAME-DE-GRACE, à Bricquebec, diocèse de Coutances (Manche), 1825.
Le R. P. Dom GERMAIN, abbé.

NOTRE-DAME DE MONT-MELLERAY, près Cappoquin, comté de Waterford (Irlande), 1re fille de Melleray, 1831.
Le R. P. Dom BRUNO, abbé.

NOTRE-DAME DU MONT-SAINT-BERNARD, comté de Leicester (Angleterre), 1re fille de Mont-Melleray, 1843.
Le R. P. Dom BARTHÉLEMY, abbé.

NOTRE-DAME DE THYMADEUC, diocèse de Vannes, par Rohan (Morbihan), fille de la Grande-Trappe, 1842.
Le R. P. Dom CYPRIEN, abbé.

NOTRE-DAME DE STAOUÉLI, près Alger (Afrique), 1re fille d'Aiguebelle, 1843.
Le R. P. Dom AUGUSTIN, abbé.

Notre-Dame de Gethsémani, diocèse de Louisville, près de New-Haven au Kentucky (Etats-Unis), 2ᵉ fille de Melleray, 1848.

Le R. P. Dom Benoit, abbé.

Notre-Dame de la Nouvelle-Melleray, diocèse de Dubuque Jowa (Etats-Unis), 2ᵉ fille de Mont-Melleray, 1849.

Le R. P. Dom Ephrem, abbé.

Notre-Dame de Fontgombaud, diocèse de Bourges, près Tournon (Indre), fille de Bellefontaine, passée sous la juridiction de Melleray. Ben. 1091. — Cît. 1849.

Le R. P. Dom Albéric, abbé.

Notre-Dame des Neiges, diocèse de Viviers, près Saint-Laurent-les-Bains (Ardèche), 2ᵉ fille d'Aiguebelle, 1850.

Le R. P. Dom Polycarpe, abbé.

Notre-Dame du Désert, diocèse de Toulouse, par Bellegarde (Haute-Garonne), 3ᵉ fille d'Aiguebelle, 1852.

Le R. P. Dom Etienne, abbé.

Notre-Dame des Dombes, diocèse de Belley, par Marlieux (Ain), 4ᵉ fille d'Aiguebelle, 1863.

Le R. P. Dom Benoit, abbé.

Notre-Dame des Trois-Fontaines, près Rome, 1146-1867.

Abbé Commend. S. E. le Card. Oreglia de S. Stephano.

Le R. P. Dom Joseph-Marie, Prieur Conventuel.

Notre-Dame du Petit-Clairvaux, (Nouvelle-Écosse), Amérique, 1814.

Le R. P. Dom Dominique, abbé.

Notre-Dame de Divielle, par Montfort, diocèse d'Aire (Landes), 1872.

Le R. P. Dom François-d'Assise, Prieur titulaire.

Notre-Dame d'Acey, par Gendray, diocèse de Saint-Claude (Jura), 5ᵉ fille d'Aiguebelle, 1146-1874.

Le R. P. Dom Benoit, Prieur titulaire.

Notre-Dame d'Igny, près d'Arcis, par Fimes, diocèse de Reims (Marne), 1875.

Le R. P. Dom Nivard, Prieur titulaire.

Notre-Dame de Bonnecombe, par Cassagnes, diocèse de Rodez (Aveyron), 6ᵉ fille d'Aiguebelle, 1146-1876.

Le R. P. Aurèle, Prieur titulaire.

Notre-Dame de Saint-Joseph, par Roscréa, comté de Tipperary (Irlande), 3ᵉ fille de Mont-Melleray, 1868.

Le R. P. Athanase, Prieur titulaire.

Monastères de Religieuses.

Notre-Dame des Gardes, diocèse d'Angers, près Chemillé (Maine-et-Loire), sous la direction de Bellefontaine, 1819.

La R. M. Synclétique, Prieure.

Notre-Dame de Vaise, à Lyon (Rhône), sous la direction de la Grande-Trappe, 1847.

La R. M. Teresia, Prieure.

NOTRE-DAME DE MAUBEC, diocèse de Valence, près Montélimar (Drôme), sous la direction d'Aiguebelle, 1834.

La R. M. ALEXANDRINE, Prieure.

NOTRE-DAME DE LA COUR-PÉTRAL, diocèse de Chartres, près La Ferté-Vidame (Eure-et-Loir), sous la direction de la Grande-Trappe, 1845.

La R. M. MADELEINE, Prieure.

NOTRE-DAME DE BLAGNAC, diocèse de Toulouse (Haute-Garonne), sous la direction de Notre-Dame du Désert, 1852.

La R. M. HILDEGARDE, Prieure.

NOTRE-DAME D'ESPIRA-DE-LA-GLY, diocèse de Perpignan, près Rivesaltes (Pyrénées-Orientales), sous la direction de la Grande-Trappe, 1854.

La R. M. ANGÉLIQUE, Prieure.

NOTRE-DAME DE BONNEVAL, par Espalion, diocèse de Rodez (Aveyron), sous la direction d'Aiguebelle.

La R. M. AUGUSTIN, Prieure.

NOTRE-DAME DE SAN-VITO, à Turin (Italie), sous la direction du Procureur-général.

La R. M. TERESIA, Prieure.

NOTRE-DAME DE SAINT-PAUL-AUX-BOIS, diocèse de Soissons, par Blérancourt (Aisne), sous la direction de Notre-Dame du Désert.

La R. M. MARGUERITE-MARIE, Prieure.

II. — *Congrégation qui suit les Constitutions de l'abbé de Rancé.*

Notre-Dame de Saint-lieu-sept-Fons, diocèse de Moulins, par Dompierre (Allier), 1132-1845.

Le R^{me} P. Dom Jean, abbé, Vicaire-général de cette Congrégation.

Notre-Dame du Port-du-Salut, diocèse de Laval, par Entrammes (Mayenne), 1815.

Le R. P. Dom Henri, abbé.

Notre-Dame du Mont-des-Olives, diocèse de Strasbourg, par Luterbach (Haut-Rhin), 1825.

Le R. P. Lom Ephrem, abbé.

Notre-Dame Sainte-Marie-du-Mont, diocèse de Cambrai, par Steervood (Nord), 1826.

Le R. P. Dom Dominique, abbé.

Notre-Dame de la Grace-Dieu, diocèse de Besançon, par Vercel (Doubs), 1139-1845.

Le R. P. Dom Malachie, abbé.

Notre-Dame de Tamié, diocèse de Chambéry (Savoie), filiation de la Grâce-Dieu, 1132-1862.

Le R. P. Dom Marie-Ephrem, Prieur titulaire.

Notre-Dame de Bonne-Espérance, à la Double, diocèse de Périgueux (Dordogne), 1863.

Le R. P. Dom Eugène, abbé.

Notre-Dame de Chambarand, par Roybon, diocèse de Grenoble (Isère), filiation de Sept-Fons, 1872.

Le R. P. Dom Antoine, abbé.

NOTRE-DAME DE MARIA-STERN, près Banialouka, en Bosnie (Turquie), 1868.

Le R. P. Dom FRANÇOIS-D'ASSISE, Prieur titulaire.

NOTRE-DAME DES ILES, à Nouméa (Nouvelle Calédonie), 1877.

Le R. P. Dom AMBROISE, abbé.

Monastères de Religieuses.

NOTRE-DAME DE L'IMMACULÉE-CONCEPTION, diocèse de Laval (Mayenne), sous la direction du Port-du-Salut, 1816.

La R. M. CLÉMENCE, abbesse.

NOTRE-DAME DE LA MISÉRICORDE D'OELEMBERG, diocèse de Strasbourg, sous la direction du Mont-des-Olives, 1826.

La R. M. JÉROME, abbesse.

NOTRE-DAME SAINT-JOSEPH-D'UBEXI, diocèse de Saint-Dié, près Charmes (Vosges), sous la direction de Sept-Fons, 1844.

La R. M. THAÏS, abbesse.

NOTRE-DAME DU SACRÉ-COEUR, à Mâcon (Saône-et-Loire), sous la direction de Sept-Fons.

La R. M. JUSTINE, Prieure.

III. — Congrégation de Belgique.

NOTRE-DAME DU SACRÉ-COEUR DE WESTMALL, 1794-1814.

Le Rme P. Dom BENOIT, abbé, Vicaire-général de cette Congrégation.

NOTRE-DAME DE SAINT-SIXTE, à Vestvleteren, diocèse de Bruges, doyenné de Poperinghe (Flandre Occidentale), 1831.

Le R. P. Dom ALBÉRIC, abbé.

NOTRE-DAME DE SAINT-BENOIT, à Achel, diocèse de Liège, province de Limbourg, 1838.

Le R. P. Dom BONAVENTURE, abbé.

NOTRE-DAME DE SAINT-JOSEPH, à Forges-les-Chimay, diocèse de Tournay, 1850.

Le R. P. Dom HYACINTHE, abbé.

IV. — Congrégation de Casamari (Italie).

Sous la juridiction immédiate du Souverain-Pontife.

NOTRE-DAME DE CASAMARI, diocèse de Veroli (Province romaine), Ben. 1105. — Cît. 1140.

Le R^{me} P. Dom JOACHIM, abbé.

NOTRE-DAME DE VALVICIOLO, diocèse de Terracine. olim Ben. — Cît. 1864.

Le R. P. N..... Prieur titulaire.

NOTRE-DAME DE SAINT-DOMINIQUE DE SORA, diocèse de Sora (Roy. de Naples), Ben. 1030. — Cît. 1222.

Le R. P. Dom BARTHOLOMEO, Prieur titulaire.

V. — Monastères de Religieuses n'appartenant à aucune Congrégation et placés directement sous la juridiction de leurs évêques respectifs.

Notre-Dame de Tracadie, diocèse de la Nouvelle Écosse (Amérique Septentrionale).

Notre-Dame de Stape-Hill, diocèse de Plymouth (Angleterre), 1801.

Tous ces monastères ont été fondés ou réformés par l'abbaye de la Trappe. Ils sont, avons-nous dit, partagés en trois congrégations, ayant chacune son vicaire-général et ses assemblées particulières ; et quoique les différences qui les distinguent soient peu importantes en elles-mêmes, nous croyons utile de les signaler.

I. — Congrégation qui suit les constitutions primitives de Cîteaux.

Le gouvernement de cette congrégation est celui de la *Charte de Charité*. Le titre et les droits de vicaire-général sont attachés à l'abbaye de la Grande-Trappe. L'abbé de ce monastère est par le fait chef de la congrégation et président du chapitre-général. Dans ce système de gouvernement la Trappe tient la place de Cîteaux.

Les abbés de Melleray, de Bellefontaine, d'Aiguebelle et de Bricquebec ont le titre de premiers Pères et remplacent ainsi les anciens abbés de la Ferté, de Pontigny, de Clairvaux et de Morimond.

Le statut fondamental est gardé en son entier dans la tenue du chapitre-général annuel, la visite des monastères, l'élection des abbés et tout ce qui touche à l'administration.

Cette Observance suit la règle de Saint-Benoît. Les heures du lever et du coucher, le travail des mains, les jeûnes, les veilles, la célébration de l'office divin sont en tout conformes au texte du grand législateur des moines, comme l'ont entendu les premiers Pères de Cîteaux.

Les religieux ont ordinairement sept heures de sommeil, quelquefois six, ou même cinq seulement, selon que le lever est à deux heures, à une heure ou à minuit. La solennité de la fête détermine l'heure du lever. Pendant l'été, le repos de la nuit est abrégé d'une heure, mais alors il est remplacé par la sieste prise vers le milieu du jour.

Le travail des mains est de six heures environ en été, et de quatre heures et demie en hiver. On jeûne jusqu'à None depuis le 14 Septembre jusqu'au carême, et jusqu'à vêpres depuis le commencement du carême jusqu'à Pâques. L'office de None finit à deux heures et demie, et celui de Vêpres à quatre heures et quart. Le temps laissé libre pour les lectures est de deux heures environ en été, et de quatre heures en hiver.

II. — *Congrégation qui suit les constitutions de l'abbé de Rancé.*

Dans cette congrégation, le Vicaire-général est élu tous les cinq ans par le chapitre-général. Le même chapître élit aussi deux abbés chargés de visiter le monastère dont le Vicaire-général est abbé.

On garde pour le lever et le coucher, à peu près les mêmes heures que dans l'autre Observance. Seulement les religieux vont se reposer après Matines, quand on s'est levé avant deux heures.

Le travail des mains occupe trois heures en tout temps. Le repas n'est jamais retardé au-delà de midi et demi, et une légère collation est permise les jours de jeûne.

Le temps consacré aux lectures est plus long que dans l'autre Observance.

Les religieuses appartenant à ces deux congrégations ont des constitutions particulières approuvées par le Saint-Siège. On suit pour l'heure des repas les règlements de l'abbé de Rancé ; pour les autres exercices, chaque monastère se conforme aux usages de l'observance à laquelle il appartient.

III. — Congrégation de Belgique.

Cette Congrégation suit les règlements de l'abbé de Rancé avec de légères modifications. Elle est gouvernée par l'abbé de Westmall qui exerce les droits de Vicaire-général sur les abbayes qui lui sont soumises.

Dans les trois Congrégations, l'office divin, l'œuvre principale du moine, occupe dans la journée six, sept ou même huit heures, selon l'importance de la fête.

Outre l'office canonial, les religieux et les religieuses récitent chaque jour, au chœur, l'office de la très-sainte Vierge, auquel ils ajoutent encore l'office des morts, aux jours de férie. Ces deux derniers sont simplement psalmodiés.

L'abstinence, au sel et à l'eau, est perpétuelle. Le lait est cependant permis, excepté pendant l'Avent, le carême, les jours de jeûne d'église et tous les vendredis de l'année, hors le temps pascal.

Les œufs et le poisson sont interdits pour la nourriture commune. La viande n'est permise qu'aux infirmes.

On dort avec ses habits réguliers sur une paillasse piquée. Les religieuses ont une paillasse non piquée.

Le silence est perpétuel ; on se sert de signes pour les communications nécessaires entre les religieux.

— FIN. —

Landerneau. — Imprimerie de DESMOULINS

TABLE DES MATIÈRES.

Landerneau. — Imprimerie de DESMOULINS

www.ingramcontent.com/pod-product-compliance
Lightning Source LLC
Chambersburg PA
CBHW052054090426

42739CB00010B/2168